交通工程教学指导分委员会"十三五"规划教材
高等学校交通运输与工程类专业规划教材

Planning and Design of Urban Passenger Transport Hub
城市客运交通枢纽规划设计

孙立山　姚丽亚　编　著
任福田　主　审

内 容 提 要

本书围绕城市客运交通枢纽规划设计这一关键性问题,从枢纽规划、设计和评价等方面进行了全面、系统分析。全书共分八章,内容包括:客运交通枢纽概述、客运交通枢纽分类与分级、客运交通枢纽交通调查、客运交通枢纽规划选址、客运交通枢纽功能布局、客运交通枢纽换乘设施设计、客运交通枢纽交通组织设计、客运交通枢纽评价方法。

本书可作为交通运输类学生的专业课教材,同时可供交通工程、交通规划、交通运营管理专业人员参考。

图书在版编目(CIP)数据

城市客运交通枢纽规划设计/孙立山,姚丽亚编著
—北京:人民交通出版社股份有限公司,2018.9
ISBN 978-7-114-14850-7

Ⅰ.①城… Ⅱ.①孙… ②姚… Ⅲ.①交通运输中心—规划②交通运输中心—设计 Ⅳ.①U115

中国版本图书馆 CIP 数据核字(2018)第 141111 号

交通工程教学指导分委员会"十三五"规划教材
高等学校交通运输与工程类专业规划教材

书　　名:	城市客运交通枢纽规划设计
著 作 者:	孙立山　姚丽亚
责任编辑:	李　晴
责任校对:	刘　芹
责任印制:	张　凯
出版发行:	人民交通出版社股份有限公司
地　　址:	(100011)北京市朝阳区安定门外外馆斜街3号
网　　址:	http://www.ccpress.com.cn
销售电话:	(010)59757973
总 经 销:	人民交通出版社股份有限公司发行部
经　　销:	各地新华书店
印　　刷:	北京印匠彩色印刷有限公司
开　　本:	787×1092　1/16
印　　张:	10.75
字　　数:	246 千
版　　次:	2018年9月　第1版
印　　次:	2018年9月　第1次印刷
书　　号:	ISBN 978-7-114-14850-7
定　　价:	35.00 元

(有印刷、装订质量问题的图书由本公司负责调换)

高等学校交通运输与工程(道路、桥梁、隧道与交通工程)教材建设委员会

主 任 委 员：沙爱民　（长安大学）

副主任委员：梁乃兴　（重庆交通大学）

　　　　　　陈艾荣　（同济大学）

　　　　　　徐　岳　（长安大学）

　　　　　　黄晓明　（东南大学）

　　　　　　韩　敏　（人民交通出版社股份有限公司）

委　　　员：(按姓氏笔画排序)

　　　　　　马松林　（哈尔滨工业大学）　　王云鹏　（北京航空航天大学）
　　　　　　石　京　（清华大学）　　　　　申爱琴　（长安大学）
　　　　　　朱合华　（同济大学）　　　　　任伟新　（合肥工业大学）
　　　　　　向中富　（重庆交通大学）　　　刘　扬　（长沙理工大学）
　　　　　　刘朝晖　（长沙理工大学）　　　刘寒冰　（吉林大学）
　　　　　　关宏志　（北京工业大学）　　　李亚东　（西南交通大学）
　　　　　　杨晓光　（同济大学）　　　　　吴瑞麟　（华中科技大学）
　　　　　　何　民　（昆明理工大学）　　　何东坡　（东北林业大学）
　　　　　　张顶立　（北京交通大学）　　　张金喜　（北京工业大学）
　　　　　　陈　红　（长安大学）　　　　　陈　峻　（东南大学）
　　　　　　陈宝春　（福州大学）　　　　　陈静云　（大连理工大学）
　　　　　　邵旭东　（湖南大学）　　　　　项贻强　（浙江大学）
　　　　　　胡志坚　（武汉理工大学）　　　郭忠印　（同济大学）
　　　　　　黄　侨　（东南大学）　　　　　黄立葵　（湖南大学）
　　　　　　黄亚新　（解放军理工大学）　　符锌砂　（华南理工大学）
　　　　　　葛耀君　（同济大学）　　　　　裴玉龙　（东北林业大学）
　　　　　　戴公连　（中南大学）

秘 书 长：孙　玺　（人民交通出版社股份有限公司）

序

枢纽这个词，顾名思义。枢是门户的轴，功能是转动；纽是纽带，起连接作用。枢纽是相互连接的中心环节。

交通枢纽是乘客和货物集散、换乘、转运的场所，或指城市或指场站，区分为客运交通枢纽和货运交通枢纽。该书立论于城市客运交通枢纽。

在交通发展过程中，人们把道路交叉口视为交通枢纽，因为乘客在路口上下车、换乘。随着交通方式的多样化，交通需求的剧增，出现了需要经过专业规划设计、集多种交通方式于一体的客运交通枢纽，如大型航空港、大型火车站、水运码头、综合客运交通枢纽站。客运交通枢纽成为现代综合交通系统中的重要设施。然而，鲜有专门论著。

近日，北京工业大学城市交通学院孙立山教授的新作《城市客运交通枢纽规划设计》成稿，邀我写个序。老朽已八十有四，喜见佳作，欣然命笔。

2005年，孙立山考入北京工业大学交通研究中心攻读博士，2008年毕业，随即赴美国德州理工大学做博士后研究。2009年回校任教，2017年晋升教授。此间，作者对客运交通枢纽涉及的交通需求分析、枢纽选址、换乘效率、人行规律、交通组织等专题持续研究，成果盈盈。同时，参加过多个客运交通枢纽建设的方案论证，实地调查过多个已建客运交通枢纽的运营状况，积累了实践经验。孙立山教授编写这本书，很恰当，人尽其才。

《城市客运交通枢纽规划设计》共八章三十四节,内容丰富,层次分明,行文流畅,论述清晰,解剖实例,附思考题,是一本符合教学要求的好教材。同时,可供交通运输工程相关从业人员工作参考。

该书的问世可为理清客运交通枢纽的迷思提供佐证。

谢谢作者为交通工程书库添砖加瓦。

任福田
2018年5月4日

前言

随着城市化和交通机动化进程的迅猛发展,我国各大中城市的客运交通呈现迅速发展的势头。各种交通方式分工合作、协同发展,在这种情况下,汇集多种交通方式为一体的综合客运交通枢纽应运而生。

客运交通枢纽作为综合客运交通体系的重要组成部分,起着连接城市综合客运交通体系内部各子系统,使乘客顺利完成出行的重要作用。因此,城市在大力发展综合客运的同时,需要有计划地兴建客运交通枢纽并且能系统深入地研究客运交通枢纽规划设计理论,总结建设枢纽的实践经验和运营管理的规律。

在我国当前的交通和建设环境下,围绕优化和提高枢纽换乘服务功能这一目标,如何对拟建枢纽的换乘量进行科学的预测,进而提高枢纽选址和规模确定的合理性;如何计算枢纽设施服务能力、功能布局,提升枢纽设计方案的科学性;如何对现有各大枢纽的换乘效率进行科学评价和排序;现代化、高效的城市客运交通枢纽应具备什么特点;提高枢纽换乘服务水平可以采取什么有效措施,所有这些,都是交通运输规划、设计与运营管理者面临的重要课题。本书围绕客运交通枢纽规划设计这一关键性问题,从枢纽规划、设计和评价等方面进行了全面、系统分析。本书可作为交通运输类学生的专业课教材,同时可供交通工程、交通规划、交通运营管理专业人员参考。

按照新时期本科生培养的总体目标，本教材的编写注重于培养学生掌握基本理论和实际操作的能力，书中对客运交通枢纽基本知识力求阐述清楚，并通过算例解释规划选址、客流预测等工程问题，同时书中融入了客运交通枢纽领域当前的新技术和新进展。

本书由北京工业大学孙立山和姚丽亚编著。具体分工为：第一、二和三章由孙立山编写；第四、五和六章由姚丽亚编写；第七章由王淑伟编写；课题组研究生参与了部分内容的文字和绘图工作。全书由北京工业大学任福田教授主审。

本书受国家自然科学基金项目（项目编号：51308017）、北京市自然科学基金重点项目（项目编号：4181002）的资助。

书中若有差错和不当之处，敬请读者指正。

编　者
2018 年 4 月
于北京

目录

第一章　客运交通枢纽概述 ··· 1
第一节　客运交通枢纽的界定 ··· 1
第二节　客运交通枢纽的发展演变历程 ·· 1
第三节　客运交通枢纽的发展趋势 ··· 17
思考题 ·· 17

第二章　客运交通枢纽分类与分级 ··· 18
第一节　客运交通枢纽基本概念 ··· 18
第二节　分类与分级方法 ·· 21
第三节　分类与分级流程 ·· 24
思考题 ·· 27

第三章　客运交通枢纽交通调查 ·· 28
第一节　客运交通枢纽交通调查流程 ··· 28
第二节　客运交通枢纽基础资料调查 ··· 29
第三节　客运交通枢纽交通出行调查 ··· 29
第四节　客运交通枢纽调查方法 ··· 32
思考题 ·· 33

第四章　客运交通枢纽规划选址 ·· 34
第一节　客运交通枢纽的规划选址目标 ··· 34
第二节　客运交通枢纽的规划选址原则 ··· 35
第三节　客运交通枢纽的吸引范围 ·· 36
第四节　客运交通枢纽的客流需求预测 ··· 38

第五节 客运交通枢纽的规模确定 …… 46
第六节 客运交通枢纽的布局选址 …… 52
第七节 客运交通枢纽的布局选址优化 …… 60
思考题 …… 63

第五章 客运交通枢纽功能布局 …… 64
第一节 设计原则和关键问题 …… 64
第二节 客运交通枢纽外部功能布局 …… 66
第三节 外部功能区与城市交通空间的衔接布局 …… 68
第四节 客运交通枢纽内部功能空间布局 …… 70
第五节 客运交通枢纽内部功能设施布局 …… 73
思考题 …… 78

第六章 客运交通枢纽换乘设施设计 …… 79
第一节 客运交通枢纽换乘设施设计原则 …… 79
第二节 客运交通枢纽换乘设施分类 …… 80
第三节 客运交通枢纽设施需求分析 …… 83
第四节 客运交通枢纽设施设计方法 …… 85
思考题 …… 100

第七章 客运交通枢纽交通组织设计 …… 101
第一节 客运交通枢纽交通组织概述 …… 101
第二节 客流交通组织设计方法 …… 103
第三节 车流交通组织设计方法 …… 111
思考题 …… 121

第八章 客运交通枢纽评价方法 …… 122
第一节 客运交通枢纽评价目标 …… 122
第二节 客运交通枢纽评价原则 …… 123
第三节 客运交通枢纽评价流程 …… 124
第四节 客运交通枢纽评价阈值检验 …… 125
第五节 客运交通枢纽评价指标 …… 131
第六节 客运交通枢纽评价模型 …… 137
思考题 …… 154

参考文献 …… 155

第一章
客运交通枢纽概述

第一节 客运交通枢纽的界定

"枢"本义为门上的转轴,"纽"为器物上可以抓住而提起的部分,可引申为有关全局的关键。"枢纽"在《辞海》中的定义为"指主门户开合之枢与提系器物之纽,事物的关键部位;事物之间联系的中心环节"。《和李参政》中提到"识贯事中枢纽,笔开象外精神"中的"枢纽"即为此义。

客运交通枢纽(Transport Hub),是指两种或两种以上客运交通方式或客运交通线路交会并能提供各类换乘相关服务的综合交通设施。客运交通枢纽是大规模的客流换乘中心,是不同交通方式或者同种交通方式之间客流交换的主要场所,为换乘客流提供高效、快捷和安全的换乘服务。

第二节 客运交通枢纽的发展演变历程

作为综合交通体系的重要组成部分,客运交通枢纽的发展历程从宏观上体现了城市综合交通系统的演变和进步。分析和研究客运交通枢纽的发展演变特点,对于从整体上把握枢纽规划设计理论的内涵和趋势具有重要意义。

一、客运交通枢纽形成的必要条件

客运交通枢纽的诞生首先得益于多种新的公共交通模式在城市中的涌现。从1825年世界上第一条铁路——达林顿铁路在英国建成通车,到1827年第一辆正式运营的蒸汽公共汽车在英国诞生,再到1863年1月10日,英国伦敦建成了世界上第一条地铁,并取得良好效果(图1-2-1)。在此之后,世界各国先后开始了航空、铁路和轨道交通等的大规模建设(图1-2-2、图1-2-3),如1919年从法国巴黎到英国伦敦第一条国际航线的诞生;1924年德国柏林建成第一条轻轨;2003年中国上海磁悬浮列车测试成功;2017年中国高铁运营里程突破2.5万公里,基本覆盖50万以上人口城市,居世界第一位。

图1-2-1 世界第一条地铁线——伦敦大都会地铁

图1-2-2 1910年伦敦街道上的小型公共汽车

图1-2-3 1911年伦敦帕灵顿火车站

各种新型交通模式在服务对象、运营里程、运营速度等方面均存在较大差异,由此逐渐产生了出行者在不同交通方式之间换乘的重大需求。于是,一种能将各种交通模式有机重组的新型集合空间——城市客运交通枢纽由此诞生,并在发挥各种不同交通方式的整体系统效应、使城市交通模式产生质的飞跃方面发挥着重要的凝聚作用。

二、客运交通枢纽的发展历程

最早出现的客运交通枢纽是服务于城市间交通出行的城市对外枢纽,主要位于城市对外交通出入口,如机场、火车站、长途汽车站等。国外在城市对外交通枢纽方面有许多成功的建设案例,如航空方面的法国戴高乐国际机场(图1-2-4),日本东京成田空港、关西国际机场(图1-2-5)和德国法兰克福机场等,铁路方面如美国纽约联合车站(图1-2-6)、日本国铁东京新宿站、东京车站和法国巴黎里昂车站等。

图1-2-4　法国戴高乐机场

图1-2-5　日本关西国际机场

图1-2-6　美国纽约联合车站

　　随着地铁线路的大规模建设,世界各主要城市逐渐形成了以轨道交通为骨架的客运交通网络,并随之出现了主要服务城市内部交通出行的客运交通枢纽。如香港、巴黎、伦敦、纽约、东京和莫斯科等大都市均以轨道交通线路的交会点为中心形成了城市的主要换乘中心,成为拥有集航空、铁路、长途客运、地铁、市内常规公共交通的一体化客运交通枢纽,实现了多种交通方式间无缝快捷的换乘,大大提高了城市交通系统的运行效率。此类客运交通枢纽往往是多条地铁与干线铁路、市郊铁路的换乘中心,同时还将公共汽车站、出租汽车站、出租自行车站、地下停车场以及商店、银行等布置在同一建筑物内;或是虽不在同一建筑物,但用地下通道或地面广场连接在一起,从而形成地下、地面和地上的立体综合换乘中心。1990年以后,这种高效的换乘衔接模式逐渐被我国各大中城市所接受,并且伴随着各城市轨道交通线网的大力建设,陆续建成形式多样的城市内部客运交通枢纽,如北京市的动物园枢纽、西直门枢纽,上海市的人民广场枢纽等。

　　综合而言,世界各国客运交通枢纽的萌芽和发展历程,如图1-2-7所示。

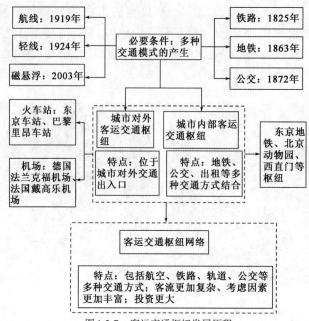

图 1-2-7　客运交通枢纽发展历程

三、客运交通枢纽的发展现状

1. 国外客运交通枢纽发展现状

历经数十年的尝试和探索，目前国外对大型客运交通枢纽的一体化设计已经较为成熟，巴黎、伦敦、纽约等大都市均已拥有集城市铁路、长途客运、地铁和常规公交于一体的客运交通枢纽。这些大型枢纽在规划设计中十分注重人性化设计和对地下立体空间的利用，并且将商业、文化和旅游等服务设施融为一体，实现了多种交通方式快速、舒适的无缝换乘，形成了不同规模和等级的"交通综合体"。发达国家在客运交通枢纽规划设计理论与实践方面的积淀对推动我国客运交通枢纽的发展可以起到积极的指导借鉴作用。

(1) 欧洲客运交通枢纽发展现状

① 英国伦敦。

伦敦坚持百年交通发展战略。1863 年，世界上第一条地下铁路——伦敦地下铁道建成通车。经过百余年的发展，今天的伦敦市已拥有包括 275 个地铁车站在内的 400 余公里轨道交通线网，500 余辆公交车运营的常规公交网络，其日均客流量超过 300 万，成为被广大伦敦市民普遍接受、方便快捷的立体公共交通网络（图 1-2-8~图 1-2-12）。

② 德国法兰克福。

德国法兰克福市的常住人口虽然只有 65 万人，但其拥有的法兰克福国际机场（图 1-2-13）却是一个名副其实的大型客运交通枢纽，该枢纽运营有 260 条航线，每年客运量高达 5300 万人次，航空、火车、地铁、公交、小汽车等多种交通方式在此衔接。为了争取到更多的客源，法兰克福机场将航空、城际铁路、地铁等进行了从物理到软件的全面无缝衔接，以此使乘客轻松实现换乘。据调查，每天有 170 班远途城际经过机场，220 班短途城际经过机场。枢纽第一层是到达层，第二层是出发层，地下是城际铁路站、地铁站和三层停车库，枢纽大楼旁另有十层停车库。地下层间都有自动扶梯，到达乘客可方便地换乘地铁去市区和邻近城市目的地或到达机场,地铁车站在靠近其他公交车站的地方都设有进出口,方便其他交通方式与地铁间的换乘。

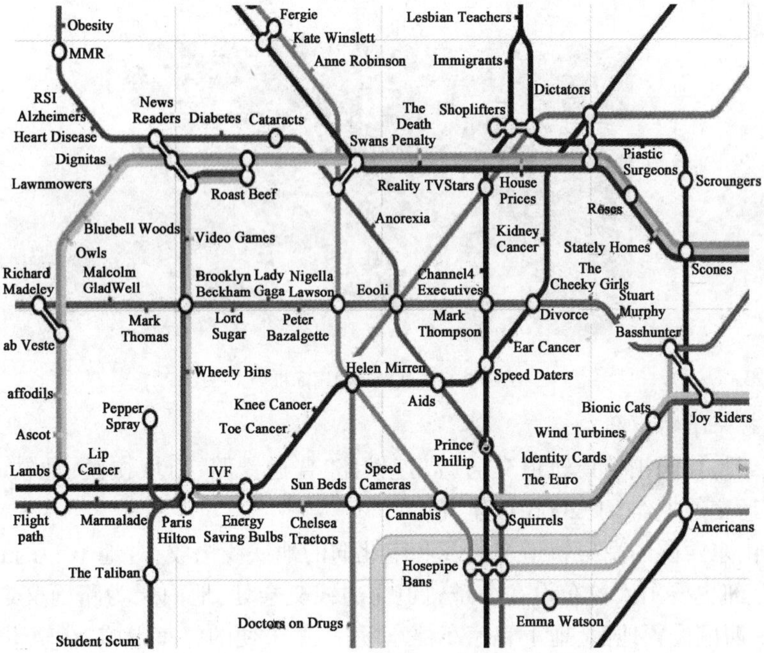

图 1-2-8　纵横交错的伦敦地铁网络

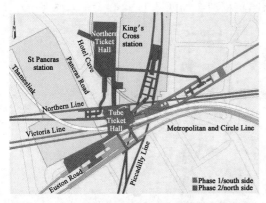

图 1-2-9　King's Cross 综合交通枢纽规划功能布局

图 1-2-10　伦敦轻轨

图 1-2-11　伦敦地铁

图 1-2-12　伦敦出租车

图 1-2-13　法兰克福国际机场

③德国柏林来哈特枢纽。

来哈特枢纽是德国柏林集轨道交通(高速铁路、普通铁路、市域快轨、地铁)、道路交通于一体的重要客运交通枢纽,于2006年建成。

整个枢纽由东西向的高架轨道交通线和南北向的地铁线构成,占地10万 m^2,总建筑面积17.5万 m^2。枢纽主要出入口布设在2条轨道交通线交会处;地面层为路面交通,设港湾式停车场;在高架桥西侧设置地面、地下私家车停车场,提供方便的停车设施;在轨道桥东西两端建造办公楼,提供商业服务,吸引客流。在地下二层设置5个轨道交通岛式站台,分别为普通铁路、高速铁路及地铁线路换乘提供服务。柏林来哈特枢纽布局如图1-2-14、图1-2-15所示。

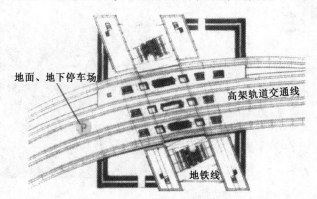

图 1-2-14　柏林来哈特枢纽平面布局

④法国拉德芳斯。

法国作为世界上高速列车最发达的国家之一,其客运交通枢纽也是由最初的高速铁路车站发展而来的。法国高速铁路的运行速度高达300km/h,而且在舒适度和安全性方面也大大优于普通铁路,在与公路和航运的竞争中具有较强的吸引力。为了吸引更多的客流,充分发挥高速铁路系统便捷、快速的优点,规划设计人员在高铁枢纽的建设上不断拓展新思路。例如,拉德芳斯客运交通枢纽是集高速铁路、地铁、公交和小汽车等为一体的客运交通枢纽,为了使速度所赢得的时间不被过长的等候和换乘时间所抵消,设计人员除在保证购票、导乘等服务的方便和快速方面采取了各种优化措施之外,还通过将多种交通方式直接引到枢纽内部,使乘客的一切换乘均在室内完成等方式,尽量缩短乘客在枢纽内的换乘时间,并提高乘客出行的舒适感。

图 1-2-15　柏林来哈特枢纽立面布局

布局优化后的拉德芳斯枢纽共 4 层,设置了 60 台自动扶梯和 10 座直升电梯,服务于枢纽内部每天 45 万人次的乘客换乘需求。高度一体化的客运交通枢纽在政府的公交优先管理中发挥了重要的引领作用,拉德芳斯地区的公交出行比例逐步提高,达到 85%,该枢纽也成为了市民集会、休闲、购物的重要场所。法国拉德芳斯枢纽站布局如图 1-2-16、图 1-2-17 所示。

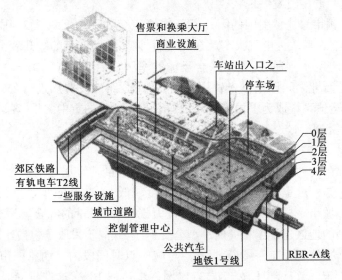

图 1-2-16　法国拉德芳斯枢纽站剖面图

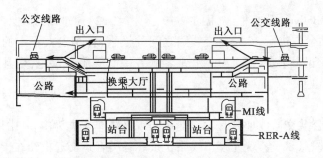

图 1-2-17　法国拉德芳斯枢纽站布局

⑤俄罗斯莫斯科。

地铁是莫斯科居民出行的主要交通方式,承载了所有交通方式总乘客人数的45%。莫斯科共有12条地铁线路,全长277.9km,地铁换乘站(包括地铁-地铁和地铁-地面铁路)35个,其中与地面铁路的换乘站16个。地铁与地面公交的结合也很普遍,全市600多条地面公交线路中可以与地铁直接换乘的就有500多条。莫斯科公交车站如图1-2-18所示。

图1-2-18　莫斯科公交车站

(2)美国客运交通枢纽发展现状

1897年,波士顿市修建了美国的第一条新式轨道交通线。该线长2.4km,起初采用有轨电车及无轨电车运营,后改为电气火车。在此之后,许多美国城市陆续开展了轨道交通线路的建设与运营。1991年,美国通过《地面联合运输效率法案》(ISTEA),第一次赋予了大城市规划机构在不同交通行业之间调整投入费用(包括使用公路建设费用进行公共交通建设)的权利。逐渐地,联合运输系统成为美国交通系统建设与发展中的重中之重,客运交通枢纽的建设也相应地快速发展起来。

①西雅图市。

位于美国西北部的西雅图市连续数年被评为全美国最适宜居住的城市,其中城市居民的交通出行十分便利是一个重要原因。由于人口密度较低、小汽车交通发达等诸多因素的影响,像美国其他的许多城市一样,西雅图市并未建设大规模、高运量的综合客运交通枢纽,而是在公交出行需求较高的地区建设了相应的小型公交枢纽,并同步采取了包括建设19处停车换乘枢纽、建设机场轻轨、施划公交专用道、早6点至晚7点时间段内在西雅图市区内乘坐公交免费等一系列配套措施,使得该市的公交出行比例逐步达到16%,这在崇尚私家车出行的美国城市中已是较高的比例。

西雅图市区的Bellvue公交枢纽(图1-2-19~图1-2-22)通过岛式设计将10个公交站台连为一体,乘客可在站台内进行36条公交线路之间的换乘,将车走人不走的换乘理念应用到换乘设计之中,并配套建设了自行车停车场、乘客服务中心等服务设施,是具有较高服务水平的代表性常规公交枢纽。

②旧金山市。

旧金山的市内公共交通以地铁、公交、捷运和观光缆车4类为主,其中地铁线路6条,全天候运行的常规公交线路80条,观光缆车线路3条。各类客运交通枢纽在上述公交体系中发挥着重要的衔接作用,其中以港湾枢纽(Transbay)最为典型。

图 1-2-19　西雅图市 Bellevue 公交枢纽

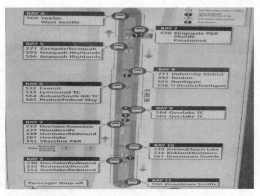

图 1-2-20　西雅图市 Bellevue 公交枢纽平面图

图 1-2-21　西雅图市 Bellevue 公交枢纽站台

图 1-2-22　西雅图市 Bellevue 公交枢纽乘客服务中心

港湾枢纽于 2007 年建成，是集轨道交通（高速铁路、普通铁路、通勤铁路）以及长途汽车客运、城市道路交通于一体的现代化客运交通枢纽。枢纽建筑面积超过 7.6 万 m^2，其中 5.5 万 m^2 用作各种交通方式间的换乘空间，2 万 m^2 用作综合开发空间，含各类住宅、宾馆、办公、零售用房约 3000 间。轨道交通与公交之间的设计换乘能力达到 30 万人次/d。

a. 平面布局。

港湾枢纽与旧金山货运枢纽以及海运枢纽相毗邻，位于米娜大街和纳托马大街之间，从比尔大街延伸到第一和第二大街的中央位置（图 1-2-23）。

比尔大街和佛利蒙大街中间预留街车、无轨电车等的停车位；出租车、街车、无轨电车以及金门交通巴士在米慎、纳托马、比尔以及佛利蒙大街运行。一条狭长的公交坡道将枢纽连接到海湾大桥，公共汽车以及长途汽车可以通过海湾大桥的专用斜坡通道进入海湾站，分别停靠在公交层和长途汽车层。乘客走到中央换乘大厅，可以看见所有设施并很方便地找到出路。

同时，地下轨道层中通勤铁路、常规铁路和高速列车 3 条线路平行布置，这些车站站台的宽出口可以提高乘客上下进出站台和客流集散地的速度；乘客在不同站台之间的流动通过轨道层之间的换乘厅来实现；设置地下人行通道连接到 BART 海湾区快速有轨交通轨道线路。乘客可以到佛利蒙和比尔大街之间的地面线乘坐街车、无轨电车和金门交通巴士到达城市和郊区站点。

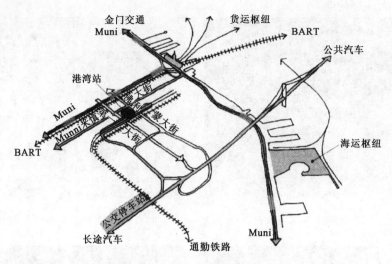

图1-2-23 旧金山港湾枢纽平面布局

b. 立面布局。

该枢纽分为6层,包括地下2层和地上4层(图1-2-24)。

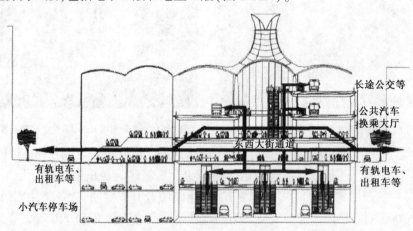

图1-2-24 旧金山港湾枢纽立面布局

a)地下二层:轨道交通站台层。有3个岛式站台及6条直通式铁路轨道,分别用作通勤铁路、常规铁路和高速列车。

b)地下一层:地下换乘大厅。通过此换乘厅,可以实现各个不同轨道交通列车之间的便捷换乘,也可实现与其他交通方式之间的便捷换乘。

c)地面层:有轨电车、出租车层。有轨电车、出租车以及金门运输专车在此层运行,乘客通过设置的通道和楼梯可以便捷地搭乘各种交通方式。地面层设置了售票厅、候车区、货物寄存处以及休息室2处。

d)地上一层:地上换乘大厅。通过此换乘大厅,可以实现地面以上各种不同方式之间的连接;乘客由不同地点的楼梯、电梯、自动扶梯,可以进入地上二层和三层的公交层。

e)地上二层:公交层。能够同时容纳26辆铰接式公共汽车,以及4辆标准公交车;通过自动扶梯以及升降机来进行上下层之间的联系,能够同时容纳高峰小时2.5万人次的乘客。公交层包括乘客候车区以及与地面三层之间的联系流动区域。

f)地上三层:长途公交层。有 24 辆长途汽车的车位,该层与地上二层的公交层一起共用海湾大桥出口坡道。

(3)日本客运交通枢纽发展现状

日本经济发展水平高、人口密度高、土地空间开发强度大,是较早修建客运交通枢纽的国家之一,其所倡导的"人性化""一体化"的枢纽规划设计理念也逐渐被世界各国所借鉴。日本各城市的客运交通枢纽主要承担航空、国铁、地铁、公交和私家车之间的换乘任务。为了更多地吸引私家车停车换乘,更充分地发挥公共交通的作用,各城市在主要的轨道交通交叉点与公交线路衔接处均建有换乘设施齐全、环境舒适、换乘距离短的客运交通枢纽(图 1-2-25)。其中较为典型的是成田机场枢纽,成田机场航站楼位于地面以上,JR线直通航站楼地下,京成本线快速列车设在枢纽的最底层,各层之间均设有自动扶梯,乘客换乘全部在枢纽内部完成,十分方便快捷。日本东京火车站效果图如图 1-2-26 所示。

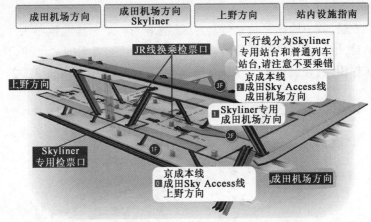

图 1-2-25　日本成田机场枢纽布局

图 1-2-26　日本东京火车站效果图

2.国内客运交通枢纽发展现状

随着私人小汽车保有量的直线上升及城市人口密度的不断增加,我国各大中城市已经从实践中认识到客运交通枢纽在城市综合交通系统中的重要性,在大力发展公共交通的同时,开始有计划地兴建客运交通枢纽。目前,我国许多大城市均开展了客运交通枢纽的总体布局规划,并进入枢纽建设和运营管理的实施阶段。

(1) 香港客运交通枢纽发展现状

香港是世界十大航空港之一，拥有完善快捷的公共运输系统，利用公共交通工具出行十分便利，其高度发达的工商业在很大程度上也得益于客运交通枢纽的高效换乘运营。香港的客运交通枢纽主要依托机场和轨道交通网络建设，以其高标准的换乘设施、换乘与商业的完美结合、高效的换乘组织设计而闻名。

由于受到地理条件和城市发展条件的限制，香港的客运交通枢纽均规划建设于地面以下，且多是在较小的占地面积上实现大规模的客流换乘，因此换乘过程节奏较快。特别值得一提的是，枢纽内轨道交通之间尽可能地采用了同站台形式换乘，此类换乘中大部分乘客只需要步行一个站台的宽度即可完成换乘，相对于国内各城市目前常用的通道换乘而言具有明显优势。此外，香港高度发达的商业在枢纽内也得以体现，其各大枢纽的地面以上均发展了大规模的商业和物业，枢纽运营管理部门也由此获得了相应的利益，有利于枢纽运营的可持续发展。

①青衣枢纽。

青衣枢纽共6层，其中地面是私家车上客区，地下一层是东涌线换乘大厅，地下二层是往香港站方向的站台，地下四层是往东涌站、机场站及博览馆站方向的站台，地下六层是停车场。各层均以电动扶梯相连，并设有4部直升电梯。青衣枢纽换乘布局如图1-2-27所示。

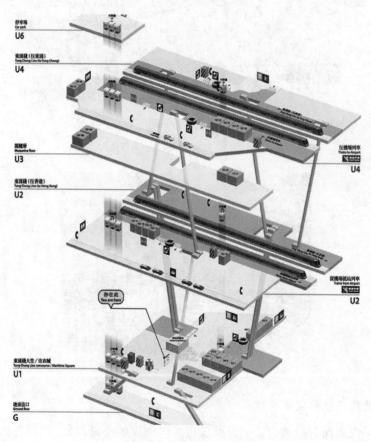

图1-2-27 青衣枢纽换乘布局

②中环枢纽。

中环枢纽位于香港的核心地带，荃湾线和港岛线在此相交，是香港轨道交通网络中的主要枢纽之一。该枢纽始建于1980年,其后经过多次翻修改进,目前地下共4层,设有4个地铁候车站台。1号和2号站台共用一个岛式站台,3号站台与4号站台位于最底部,均为侧式站台;枢纽通过地下通道与香港站连通,乘客可由此前往机场快线及东涌,并通过引入咖啡店、快餐店和书店等使地下通道成为枢纽购物街。中环枢纽实景如图1-2-28、图1-2-29所示。

图 1-2-28　中环枢纽步行人流通道实景　　　图 1-2-29　中环枢纽电动扶梯实景

(2)上海客运交通枢纽发展现状

上海市公交部门近年来加快了对客运交通枢纽及换乘中心的建设速度,已经建成了如上海虹桥、莘庄地铁、吴淞码头等一批衔接轨道交通和地面交通的枢纽站,以轨道线路为鱼骨、公交线路为鱼刺的换乘模式逐步成形。其中,最为典型的是有世界最复杂综合交通枢纽之称的上海虹桥枢纽(图1-2-30)。上海虹桥枢纽总占地面积超过130万 m^2,站房总建筑面积约24万 m^2,项目总投资达152亿元。枢纽集飞机、高铁、磁悬浮、地铁站、长途汽车、公交于一体,所有交通方式之间共有56种换乘模式,设计集散客流量达到48万人次/d。在枢纽主体建筑内的地下设置2个城市地铁车站,引入5条通往上海市区各个方向的地铁线,在主体建筑的东西两侧分别设有交通广场,交通广场内设置长途高速巴士、城市公交车站和出租汽车场地,区域内还配置了足够的社会车辆停车场。另外,在枢纽主体建筑内的地下和地上分别设置了3条贯通整个建筑东西向的大通道,并布置商业、餐饮等设施。

图 1-2-30　上海虹桥枢纽

(3)北京客运交通枢纽发展现状

北京已基本建成以公共交通为主体、轨道交通为骨干、多种运输方式相协调的综合客运交通体系。由地铁、轻轨、市郊铁路等多种方式组成的快速轨道交通网已全面覆盖中心城区范围,并连接外围的通州、亦庄、顺义、大兴、房山、昌平等新城。以快速轨道交通网络为基础,北京中心城区建设了33处客运交通枢纽,每个重点新城规划2~3处,其他新城规划1~2处。其中较为典型的客运交通枢纽包括六里桥和四惠枢纽等。北京市枢纽站、中心分布如图1-2-31所示。

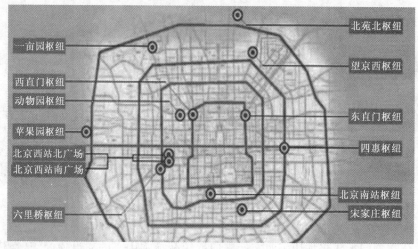

图1-2-31　北京市枢纽站、中心站分布图

①六里桥枢纽。

六里桥客运枢纽是《全国公路主枢布局规划》中规划的一级客运交通枢纽之一。该枢纽位于京石高速公路北京起点、西三环六里桥西南侧(图1-2-32),集公交、地铁、长途、出租为一体,设有发车站台45个,省际长途车日发班能力达1500班次,并配备14条公交线路通往市域各个方向。

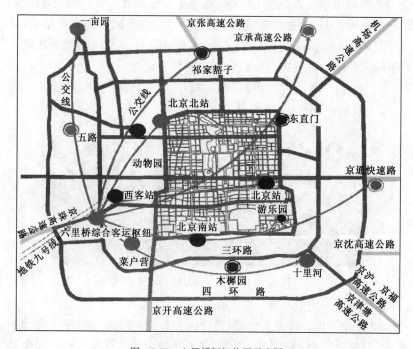

图1-2-32　六里桥枢纽位置示意图

枢纽总占地面积13.4万 m^2,其中建设用地7.7万 m^2,地铁九号线六里桥站位于枢纽北侧的绿化广场内。枢纽总建筑面积11.38万 m^2,其中:客运主站房建筑面积2.57万 m^2,配套设施建筑面积8万 m^2,停车场可同时停泊长途客车230辆。

六里桥枢纽鸟瞰图如图1-2-33所示,六里桥枢纽立体换乘示意图如图1-2-34所示。

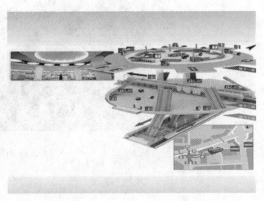

图1-2-33　六里桥枢纽鸟瞰图　　　　　图1-2-34　六里桥枢纽立体换乘示意图

②四惠枢纽。

四惠枢纽是北京市城市客运交通系统的重要节点,总建筑面积达35万 m^2,其中交通枢纽面积约为10万 m^2。该枢纽集轨道交通、长途客运、市区公交、东部市域公交于一体,出租车、小汽车、自行车、步行等多种交通方式均在该枢纽处衔接。实现地面公交与地铁、长途汽车与地铁、地面公交与长途汽车、地面公交线路之间的换乘为其主要功能。

四惠枢纽鸟瞰图如图1-2-35所示,四惠枢纽换乘示意图如图1-2-36、图1-2-37所示。

3.国内外客运交通枢纽发展小结

对比国内外客运交通枢纽的发展现状可以看到,我国客运交通枢纽建设仍然处于发展的初期阶段,未来具有广阔的发展空间。不断跟踪、总结国外客运交通枢纽发展的经验,对于促进我国客运交通枢纽的科学规划、设计、建设和运营具有十分重要的借鉴意义。

(1)客运交通枢纽的表现形态与社会经济的发展和交通技术的进步密切相关。

客运交通枢纽的发展演变历程表明,交通技术的进步推动了客运交通枢纽的诞生和发展,并且当城市的社会经济发展到一定程度时,城市化水平越来越高,对集约化、高效化的土地资源利用以及交通方式的集成也将越来越高。与此同时,居民的出行意愿和对出行效率的要求将不断提升,形成对交通方式之间换乘服务的人性化、精细化服务需求。在这样的背景下,更多的现代交通方式、交通建筑技术、运输管理模式被引入到客运交通枢纽的规划设计之中,使得客运交通枢纽的表现形态不断革新,并呈现出多样化的特征。因此客运交通枢纽的规划设计从业人员在枢纽形态选择、功能布局和设施设计等工作中应科学分析、合理判断。

(2)客运交通枢纽与城市的关系是相互影响、互为促进的。

从国内外客运交通枢纽的建设发展过程来看,国外发达国家在长期的城市建设和枢纽建设过程中,在枢纽规模确定、规划选址、建筑设计等方面都经历了长期探索与反复优化。枢纽规划设计人员对枢纽与城市的关系也逐渐形成一定共识,即科学可持续的枢纽规划设计,将有效支撑城市社会经济的发展,满足居民不断增长的交通需求,同时也有利于城市环境状况的改善。由于不同城市所处的地理位置、自然条件和经济发达程度都不尽相同,不同枢纽的布设位置应考虑枢纽服务功能、衔接交通方式等综合确定。

图 1-2-35　四惠枢纽鸟瞰图

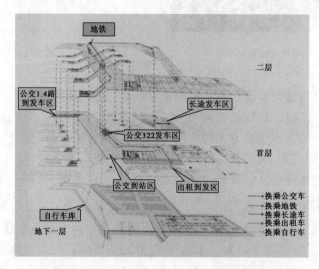

图 1-2-36　四惠枢纽公交到站乘客换乘流线图

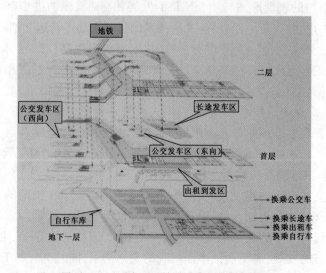

图 1-2-37　四惠枢纽地铁到站乘客换乘流线图

第三节　客运交通枢纽的发展趋势

当代客运交通枢纽多以火车站、机场、大型枢纽换乘站为依托，将常规公交站、出租车站、停车场、长途汽车站等集中布设并整合在同一座大型建筑物或相对集中的区域内，构成一个集多种交通方式于一体，同时具有对外和对内交通功能的大型换乘枢纽。随着居民出行需求和交通服务水平的不断提高，客运交通枢纽在规划与设计方面呈现如下主要发展趋势。

(1) 枢纽结构形式立体化

早期建设的客运交通枢纽均以平面布置形式为主，随着枢纽换乘压力的增大，这种布置方式逐渐表现出交通疏导效率低、功能混乱等问题。为了满足现代化客运运输需求，实现各种交通方式的高效对接，就要对多种交通资源进行整合，采用综合立体化换乘模式，使各种交通方式的转换统一在枢纽区完成，实现科学的分工协作，提高客运交通效率。

(2) 枢纽服务功能多样化

为了在满足乘客换乘需求的同时，为乘客提供日常工作和购物场所，部分枢纽通过提高开发强度，持续开发枢纽功能，建立起了配套商业中心、服务中心和娱乐中心等公共场所，从而促进了客运服务的多样化，提高了公共交通的吸引力和客运量。此外，由于枢纽在城市综合交通体系乃至整体社会经济发展中的综合性带动作用显著，围绕客运交通枢纽的产业、社会等功能的开发，以及利用枢纽建设带动周边乃至整体区域走廊发展，已成为枢纽功能多样化的重要表现。

(3) 枢纽换乘设计人性化

地铁是主要的大流量干线交通方式，现代城市客运交通多以地铁车站为核心，与其他地面交通方式相结合共同承担起客运运输的功能。多方式联运功能要求客运交通枢纽在较为有限的时间和空间资源条件下，最大限度地实现人车分流、管道化交通与无缝衔接的立体换乘方式。设置人性化引导标识和自动换乘设施，将多元化交通方式科学有序地组织起来，合理减少换乘客流冲突，为乘客提供更加舒适、便捷的换乘空间，体现以人为本的服务理念，已成为客运交通枢纽的发展趋势。

(4) 枢纽外观设计地标化

在确保满足换乘服务功能的基础上，现代客运交通枢纽在设计上逐渐要求加入现代建筑元素，体现先进的交通、人文等理念。通过美化客运交通枢纽的建筑外观，使其显现出现代建筑的美感，与周边环境相结合，成为地标性建筑，打造城市公共空间，展示城市形象，增强城市竞争力。

思考题

1. 什么是客运交通枢纽？
2. 请简述客运交通枢纽的发展历程。
3. 客运交通枢纽在规划设计方面的发展趋势是什么？

第二章
客运交通枢纽分类与分级

不同类型、不同等级的客运交通枢纽在城市中的地位、在城市交通中所起的作用、对市民出行和公交线路的影响、所占用的土地面积、换乘组织的方案设计及建设资金和建设周期的要求均不相同。对客运交通枢纽进行合理的分类与分级，是枢纽规划设计工作的重要前提。

第一节 客运交通枢纽基本概念

一、枢纽的定义

国家标准《城市客运交通枢纽设计规范(征求意见稿)》中对枢纽的定义为：在城市客运交通系统中，包含城市对外交通方式或两种以上公共交通方式或一种公共交通方式多条线路的客流集散换乘场所。一般包含城市对外综合客运交通枢纽和城市内部综合客运交通枢纽。

交通部行业标准《综合客运枢纽术语(征求意见稿)》中对枢纽的定义为：在综合运输网络的特定节点上，将多种运输方式与城市交通的转换场所在同一空间集中布设，实现乘客"零距离"换乘，并综合运用现代先进技术手段，使各种运输方式的设施装备、运输作业、技术标准、信息传输、组织管理等在物理和逻辑上实现无缝衔接而形成的具有一定规模的乘客出行起讫服务系统。

北京市地方标准《综合客运枢纽智能化系统技术要求》(DB11/T 886—2012)中对枢纽的定义为:以公共汽电车、轨道交通及长途客运为主,衔接两种以上(含两种)客运方式,具有运输组织、中转换乘、多方式联运服务基本功能的场所。

国内学者对于客运交通枢纽也多有定义,比较有代表性的认识是:综合客运交通枢纽是在一个国家或者地区的综合运输网络中,同时承担几种运输方式的节点,是交通运输的生产组织基地和综合交通运输网络中客货集散、转运及过境的场所,具有运输组织与管理、中转换乘换装、装备储存、多式联运、信息流通和辅助服务六大功能。

综合而言,对于客运交通枢纽的定义可以概括为:首先,在地理位置上,客运交通枢纽地处两种或两种以上的交通方式衔接处;其次,在交通网络上,客运交通枢纽是交通网络上多条交通干线通过或连接的交汇点,是交通网络的重要组成部分,连接不同方向上的客流,对交通网络的畅通起着重要作用;再者,在交通组织上,客运交通枢纽承担着各种交通方式的衔接与中转,实现不同方向和不同交通方式间的连接,完成交通出行的全过程。

二、枢纽的基本属性

从上述关于客运交通枢纽的定义和基本技术特征来看,客运交通枢纽的基本属性可以概括为时空性、社会性和综合性三个方面。

(1)时空性。随着枢纽所服务城市或地区的社会经济不断发展,枢纽的客流吸引范围和服务客流量也在动态变化,相应的对枢纽的规模和能力也会有更高要求,这即是枢纽时空特性的体现。枢纽的时空性要求我们对枢纽客流量进行科学的发展预测及规划,及时确定枢纽发展的近中远期目标以及各种交通方式的任务分配和合理分工,才能优化各种交通方式的空间布局,实现枢纽各交通方式的有机协调,保证枢纽持续有序地发展。

(2)社会性。一般客运交通枢纽都会依附着一个规模较大的城市或地区,并随着城市和地区的繁荣不断得以发展。同时客运交通枢纽在承担依托城市或地区客运交通运输的同时,也会对周边经济、社会和环境产生较大影响,并由此影响公共交通枢纽导向的开发与发展等学术观点及政策措施。

(3)综合性。客运交通枢纽拥有集铁路、公路和航空等多种运输方式为一体的空间结构。要使一个规模庞大、结构复杂的客运交通枢纽发挥其最优的效能,必须使各种交通方式的目标与枢纽总目标一致,才能实现枢纽综合协调发展。

客运交通枢纽是一个由多个相关要素组成的具有特定功能的系统,其系统特性主要表现在以下三个方面:

(1)功能和目标的一致性

客运交通枢纽由多种交通方式、多种运输设备组成。每一种交通方式在客运交通枢纽中具有不尽相同的功能和作用。但是,作为一个统一的整体,客运交通枢纽系统具有统一的功能和目标,即完成枢纽内乘客运输的全过程,确保客流输送过程的连续性。

(2)构成和结构的复杂性

客运交通枢纽由多种交通方式、多条运输线路组成,每一种交通方式又由多种相关设备按一定的布局和技术要求统一配置而成。为实现各种运输方式之间以及各种运输设备之间的相互协调,形成了系统构成和结构的复杂性。

(3)与外部环境联系的紧密性

客运交通枢纽本身具有复杂的结构以及特定的功能作用,同时作为城市客运交通系统的"点"子系统,与城市客运交通大系统之间关系密切,是整个城市客运交通系统的重要组成部分。此外,客运交通枢纽与其所在城市或地区间也具有十分密切而又复杂的关系。

城市客运交通枢纽的这些系统特性表明,要对城市客运交通枢纽进行合理的规划与设计,首先需要从功能特点等方面对枢纽对象进行类型与等级划分,并进一步开展系统化的枢纽规划选址、功能布局、设施设计、客流组织和方案评价等工作研究。

三、枢纽的功能特点

随着城市客运交通枢纽从传统的各交通系统平面布局逐渐转换成立体布局,枢纽表现形式已经不是传统的站房单体建筑那么简单,而是成为提供交通转换服务,甚至集成商业、公建开发的大型空间综合体。客运交通枢纽的功能也从传统的单一交通功能向综合服务功能转变,具体体现在以下三个方面:

1. 交通功能

枢纽设施最基本的功能是实现不同交通方式的衔接与转换,同时服务于客流、交通工具,这两种要素在枢纽内集结并发生换乘关系,在此过程中,客运交通枢纽为客流提供换乘过程中连贯、舒适的服务,具体表现为停车、集散、引导及信息服务功能。

(1)引导功能

枢纽的引导功能主要是通过对外来车流进行管理、引导和截流,以引导个体交通转向公共交通,保证公共交通方式的合理分工,并促使整个城市的交通格局向多层次方向发展。

(2)集散功能

枢纽的集散功能主要是按照一定的组织措施实现到发乘客和车辆的有序聚集汇合和疏散分流,并利用换乘设施、设备为乘客提供不同交通方式或不同线路之间的换乘,确保乘客安全出行和车辆顺畅通过。

(3)信息服务功能

通过信息传递与设备交换,实现枢纽内各种交通方式之间的信息互通、资源共享,使各种营运信息在交通管理部门、换乘乘客之间实现迅速、及时、准确的传递和交换。

(4)停车服务功能

对于来自不同方向和路线的车辆,枢纽提供特定停车区域,按照不同的车辆性质进行不同停车区域的合理分配,并配置适当规模的停车配套设施。

2. 社会功能

枢纽客流汇集,蕴含潜在的商机,往往能够形成较强的区域经济活动,促进其周边区域经济的增长,带动地区土地开发,成为区域经济的增长点。大型的客运交通枢纽,因其周边用地高密度开发,将逐步发展成为区域中心,缓解城市中心区的高集聚压力,使城市空间布局朝着可持续的多中心结构方向发展。

3. 环境功能

借鉴城市设计的各种手法,可通过枢纽创造人性化的空间,与周边的自然环境、生态环境和社会环境相协调,满足文化和审美要求。

第二节　分类与分级方法

一、分类目的与意义

不同类型、不同等级的枢纽在城市中的地位、在城市交通中所起的作用、所占用的土地面积、对市民出行和公交线路的影响、换乘组织的方案设计及建设资金和建设周期的要求均不相同。对客运交通枢纽进行合理的分类与分级，是开展枢纽规划设计工作的重要前提。

二、分类方法

1. 按交通功能划分

(1) 城市对外客运交通枢纽，其功能是将城市公共交通与铁路、水路、航空及长途交通等衔接起来，使乘客顺利地完成一次城际出行。此类枢纽的定位通常以相对运量大的交通方式为依据。

(2) 城市内部客运交通枢纽，其功能是沟通市内各区域间的交通以及各区域内部的交通联系。

(3) 为特定设施服务的枢纽，其功能是为体育场、公园等大型公共活动场所的观众、游人提供集散服务。

2. 按交通方式划分

(1) 不同交通方式间换乘枢纽，是指公共电、汽车交通与地铁、轻轨、港口、铁路、航空等衔接的枢纽。此类枢纽主要完成交通方式间的转换，同时也可实现同类交通方式的线路转换。

(2) 相同客运交通方式转换枢纽，是指公共电、汽车不同路线的转换，如长途汽车的转换枢纽。

3. 按交通组织划分

(1) 公共交通首末站换乘枢纽，是指有多条公交线路的起点、终点，有相应的停车场地和调度设施。

(2) 公共交通中途站换乘枢纽，是指多条公共交通线路共同的通过站（包括地铁、轻轨等轨道交通）。

4. 按布置形式划分

(1) 立体式枢纽，枢纽分地下、地面、地上多层，设有商业、问询等综合服务。

(2) 平面式枢纽，枢纽在同一平面进行车辆集散和换乘客流组织，此类枢纽多建于用地条件较好的区域或城市郊区。

5. 按服务区域划分

(1) 都市级枢纽（包括城市对外客运交通枢纽），是指提供全市域范围服务，客流集散量大，公交线路多，设备齐全的枢纽，如火车站前广场的公共客运交通枢纽、市中心公共客运交通枢纽等。

(2) 市区级枢纽，是指连接城市各区交通重心、卫星城镇的公交线路起终点枢纽。

(3)地区级枢纽,是指设在城市各区内客流集散点处的枢纽,服务范围小,设备简单。

6. 按时间范围划分

(1)正在使用枢纽,是指目前正在城市交通中发挥着巨大作用,为出行者提供集散、换乘服务的公共交通枢纽。

(2)规划待建枢纽,是指目前不存在或正在建设过程中的枢纽。其对现状城市交通意义不大,但对城市的发展和未来交通状况有着重要意义。

(3)待拆除枢纽,是指随着城市的发展已经失去其存在的价值或已经阻碍了城市的进一步发展,准备给予拆除或挪作他用的枢纽。

7. 按周边区域发展状况划分

(1)周边区域待发展的枢纽,是指为满足区域开发需求而修建的枢纽,如新城区的枢纽建设。

(2)周边区域已发展的枢纽,是指在已开发成熟区域建设的枢纽,如城市中心区的枢纽建设。

将上述主要的枢纽分类方式进行总结,如表 2-2-1 所示。

枢 纽 分 类 表　　　　　　　　　　表 2-2-1

分类依据	内容	主要特点
按交通功能分类	对外枢纽	设在城市出入口,连接对外交通运输线路与城市公交线路,其规模与城市发展形态、经济文化活动相当
	市内枢纽	为城市内部区域间或中心与对外枢纽的客流交换服务
	特定设施处枢纽	某时段内集散强度大,满足文化、娱乐出行的枢纽
按交通方式分类	方式换乘枢纽	城市公共电、汽车与地铁、轻轨、铁路、水路、航空运输等线路相互衔接的城市公共交通枢纽
	线路换乘枢纽	常规公交线路之间或常规公交与长途汽车间的枢纽
按交通组织分类	首末站换乘枢纽	枢纽内有多条电、汽车的首末站,并设有停车、候车、调度以及有关指示标志等设施
	中途站换乘枢纽	位于公交线路通达性高、多条线路交汇的路网节点
按布置形式分类	立体式枢纽	枢纽站为地上或地下多层结构形式。适用于交通方式复杂、用地受到限制的地点
	平面式枢纽	枢纽站设施布置在地面上,其规模视换乘需求而定
按服务区域分类	都市级枢纽	吸引全市范围和对外交通客流的枢纽,如火车站、机场、港口等城市出入口
	市郊级枢纽(市区级枢纽)	连接卫星城镇与市内公交线路的枢纽及城区内枢纽
	地区级枢纽	设在地区性区域中心的客流集散点的枢纽
按时间范围分类	待拆除枢纽	已经失去交通使用价值,准备挪作他用
	正在使用枢纽	已存在并在城市交通中发挥着巨大作用的枢纽
	规划待建枢纽	尚不存在,将在未来城市交通中发挥作用的枢纽
按周边区域发展状况分类	周边区域待发展枢纽	为满足区域开发需求而修建的枢纽
	周边区域已发展枢纽	在已开发成熟区域建设的枢纽

总而言之,由于现有枢纽分类方法的多种多样,导致目前国内外各城市对枢纽的分类依据不一,尚没有可以被广泛接受的枢纽分类标准。各种不完善的分类方法也影响了人们对枢纽的认识,不利于枢纽建设的有序发展。专业人员在进行枢纽分类时应根据规划设计目的选择适合的分类方法,以便清楚地揭示不同枢纽在城市中所发挥的作用,并合理描述各类枢纽之间的内在联系。

三、分级方法

相对于客运交通枢纽的分类而言,对枢纽分级的研究更少,但对客运交通枢纽进行合理的分级是一件十分有意义的工作。只有在合理分级的基础上,对枢纽规划、设计指标的定量研究才会变得更实际且更具有可比性。对枢纽分级的依据不像对其分类那样名目繁多。通常是从城市布局和交通功能的角度,以枢纽的区位条件、可达性以及交通设施等主要影响因素为依据,考虑服务人口、客流需求和服务标准来进行划分的。

1. 依据城市需求分级

根据城市需求、土地利用以及枢纽的功能定位,一般可以将客运交通枢纽分为三个等级。

第一级枢纽主要具有城市功能,往往是城市节点型,发挥全市域的交通换乘功能,靠近大型客流发生吸引源以及对外交通,以换乘客流为主,为整个线网的结构性重要枢纽。

第二级枢纽主要发挥广场和交通功能,同时兼具一定的城市功能,可提供市区内直接快速的交通联系,是一级枢纽的接驳枢纽,提供全市区和局部地区的交通服务,主要服务于城市地区级客流发生吸引源。

第三级枢纽主要功能为交通功能,提供交通换乘服务,服务小范围的地区交通联系,是一级、二级枢纽的客流来源点。

2. 依据服务范围分级

根据服务范围可将枢纽划分为国家规模、都市群规模、市区规模和小地区规模四级,如表 2-2-2 所示。

根据服务范围进行的枢纽分级表　　　　表 2-2-2

运输网的规模	客运枢纽
国家规模	国际机场、主要城市的中央车站等
都市群规模	机场、主要城市的副中心车站、中心城市的中央车站
市区规模	中央车站、城市中心的公共汽车枢纽站
小地区规模	郊区铁路和国铁的车站、地下铁车站、地方性公共汽车站等

3. 已有报告或指南中的分级

我国各研究机构和学者在枢纽相关研究报告或指南中也从不同角度进行了枢纽的分级研究。如《城市轨道交通运营组织》以高峰小时集散乘客能力将轨道交通车站划分为大车站、中等车站和小车站三个等级。《城市轻轨交通工程设计指南》则以相应年限的最高日乘降客流和高峰小时乘降客流的预测量为依据,将轻轨车站的规模划分为小型站、中型站、大型站和特大型站四个等级(表2-2-3)。

以换乘客流量为依据进行的枢纽分级表   表2-2-3

规 模	日客流量(人)	规 模	日客流量(人)
特大枢纽	>100000	中型枢纽	5000~30000
大型枢纽	30000~100000	小型枢纽	<5000

部分学者则依据城市客运交通枢纽所承担的功能,将客运交通枢纽划分为五个等级,分别为:

对外客运交通枢纽,主要承担市际交通与市内交通的衔接功能。

市级客运交通枢纽,全市性的客运交通枢纽,具有统领各级枢纽发展的核心作用,功能上主要承担城市各个区域(包括核心区、中心区、市区外围区和边缘组团)至城市核心区客运交通的集散及中转换乘。

组团级客运交通枢纽,主要承担各边缘组团内部的集散、中转换乘客流,同时还承担该边缘组团与中心组团之间、兼顾各边缘组团之间的集散、中转换乘客流。

中心区级客运交通枢纽,以承担城市中心区与城市中心区外围的其他区域(包括市区外围区、边缘组团)之间中转换乘客流为主,兼有枢纽所在区域的客流集散功能。

片区级客运交通枢纽,主要承担城市(包括中心区、外围区、边缘组团)内某一或某几个片区内部的交通集散及中转换乘功能。

此外,还有学者建议从枢纽对城市影响程度的角度对枢纽进行如下分级:

(1)特别重要,主要是指一些特大型和具有特别意义的枢纽。如在城市的门户枢纽地区或者古城保护区等对城市环境有特殊要求的地区。

(2)重要,对整个城市的交通和环境都会产生重大影响的大型客运交通枢纽。如城市中心地区的综合换乘枢纽,其建设和管理直接影响周围的客流交通组织、土地利用和商业开发等情况。

(3)一般,只是对周围地带的居民的出行产生影响,不会影响到城市的大环境。

综合而言,枢纽的集散客流量是确定枢纽规模的重要因素,结合对上述客运交通枢纽主要等级划分方法的汇总分析,可以确定将集散客流量作为枢纽等级划分的依据是较为合适的。然而,由于不同的城市在城市形态、城市规模、人口密度、用地集约化程度等方面有着很大的区别,即使是同一等级的客运交通枢纽在不同城市所承担的集散量和换乘量以及交通设施的配置上差别也会很大,很难形成统一的标准。在具体的枢纽规划设计实践中,还应结合城市交通特点进行分级标准的合理界定。

第三节　分类与分级流程

一、分类流程

结合分类依据对枢纽的重要程度,可按以下流程开展枢纽的分类工作(图2-3-1)。

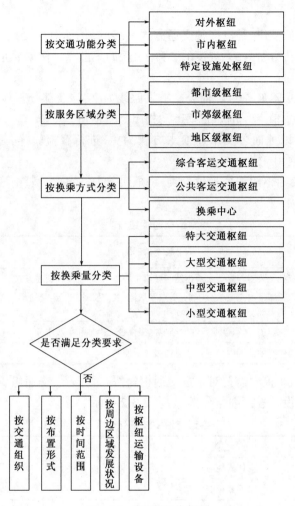

图 2-3-1 客运枢纽分类图

第一步:将客运交通枢纽按交通功能分类,将枢纽分为对外枢纽、市内枢纽和特定设施处枢纽三类。

(1)城市对外客运交通枢纽,其功能是将城市公共交通与铁路、水路、航空、长途汽车交通连接起来。

(2)市内客运交通枢纽,其功能是沟通市内各分区的交通以及各个分区内部的交通联系。

(3)为特定设施服务的枢纽,其功能是为体育场、全市性公园等大型公共活动场所的观众、游人的集散服务。

第二步:将客运交通枢纽按服务区域分类,将枢纽分为都市级枢纽、市区级枢纽和地区级枢纽三类。

(1)都市级枢纽(包括城市对外客运交通枢纽),为全市服务,客流集散量大,公交线路多,设备齐全,如火车站前广场的公共客运交通枢纽、市中心公共客运交通枢纽等。

(2)市区级枢纽,连接各区交通重心、卫星城镇的公交线路的起终点枢纽。

(3)地区级枢纽,设在地区客流集散点处的枢纽,服务范围小,设备简单。

第三步:将客运交通枢纽按换乘方式分类,将枢纽分为综合客运交通枢纽、公共客运交通

25

枢纽及换乘中心三类。

（1）综合客运交通枢纽，是以多种交通方式衔接的，例如对外交通、轨道交通、地面公交、出租车、社会机动车、自行车等，大规模的，客流很大的集散点。例如北京市东直门枢纽就是典型的综合客运交通枢纽。

（2）公共客运交通枢纽，是以地面公交首发路线为主，涉及部分其他交通方式（如地铁、自行车等），规模较大的集散点。例如北京市动物园公交枢纽。

（3）换乘中心，是以地面公交中途换乘方式为主，进行客流转换，是规模较小的集散点。例如北京市公主坟换乘中心。

第四步：将客运交通枢纽按换乘量分类，将枢纽分为特大、大型、中型及小型交通枢纽四大类，如表2-3-1所示。

客运交通枢纽分类表　　　　　　　　　　表2-3-1

枢纽分类	服务特征	设计客流规模（万人次/日）
特大交通枢纽	依托主要对外客运交通枢纽和城市中心体系，综合多种交通方式	≥40.0
大型交通枢纽	依托城市内主要中心体系、重点发展地区、次要对外客运交通枢纽、主要客流走廊交汇地区	≥20.0
中型交通枢纽	为城市中人口、就业密度较高地区提供公交换乘和集散服务	5.0～10.0
小型交通枢纽	提供有限范围内换乘和客流初级集散服务	3.0～5.0

第五步：可以进一步根据需要对客运交通枢纽按布置形式、交通组织、时间范围、周边区域发展状况和枢纽运输设备进行细化分类，如表2-3-2所示。

客运交通枢纽细化分类表　　　　　　　　　表2-3-2

分类形式	分类	分类形式	分类
按布置形式分类	立体式枢纽	按周边区域发展状况分类	周边区域待发展枢纽
	平面式枢纽		周边区域已发展枢纽
按交通组织分类	首末站换乘枢纽	按枢纽运输设备分类	设备集中配置的单系统枢纽
	中途站换乘枢纽		设备分开布置的单系统枢纽
按时间范围分类	待拆除枢纽		多系统枢纽
	正在使用枢纽		
	规划待建枢纽		

二、分级流程

根据分级依据对客运交通枢纽等级划分的重要程度，将客运交通枢纽进行分级。

第一步：将客运交通枢纽按服务范围分级，将枢纽划分为国家规模、都市群规模、市区规模和小地区规模四级，如表2-2-2所示。

第二步：根据城市需求、土地利用以及枢纽的功能定位，将客运交通枢纽划分为三个等级。

第一级枢纽主要具有城市功能，往往是城市节点型，发挥全市域的交通换乘功能，靠近大型客流发生吸引源以及对外交通，以换乘客流为主，为整个线网的结构性重要枢纽。处于线网中枢地位，一般位于火车站、航空港、客运港、公路主枢纽等对外交通出入口以及城市中心区和CBD地区。

第二级枢纽主要发挥广场和交通功能,具有一定的城市功能,提供市内直接快速的交通联系,是一级枢纽的接驳枢纽,提供全市区和局部地区的交通服务,主要服务于城市地区级客流发生吸引源。位于城区内交通重心处,起到连接卫星城、城市新开放区与市区的作用,汇集多种交通,将商业交通融为一体,可以发展成为区域中心。

第三级枢纽主要功能为交通功能,提供交通换乘服务,服务小范围的地区交通联系,是一级、二级枢纽的客流来源点,主要是与集散交通方式有良好的衔接,在城市某一区域的交通出行中占有核心的地位。

第三步:根据枢纽对城市的影响程度将客运交通枢纽划分为三个等级。

第一级枢纽为特别重要,主要是指一些特大型和具有特别意义的客运枢纽。如在城市的门户枢纽地区或者古城保护区等对城市环境有特殊要求的地区。

第二级枢纽为重要,对整个城市的交通和环境都会产生重大影响的大型综合枢纽。如城市中心地区的综合换乘枢纽,其建设和管理直接影响周围的客流交通组织和土地利用、商业开发等情况。

第三级枢纽为一般,只是对周围地带的居民的出行产生影响,不会影响到城市的大环境。

客运交通枢纽分级图如图 2-3-2 所示。

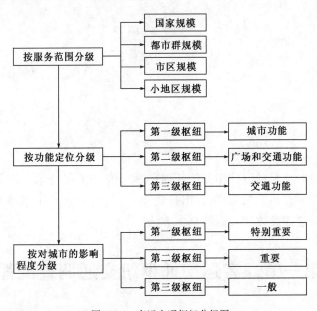

图 2-3-2　客运交通枢纽分级图

思考题

1. 客运交通枢纽的定义是什么？功能特点有哪些？
2. 客运交通枢纽的分类分级方法有哪些？
3. 简要阐述客运交通枢纽的分类分级流程。

第三章
客运交通枢纽交通调查

在开展客运交通枢纽规划设计相关的任何科学研究和工程技术工作前,必须首先要获取枢纽相关的一些状态参数和数据,如乘客出行规律、公共交通到发频率等,以便分析枢纽的特性。交通调查是获取这些参数和数据的基本方法。

第一节 客运交通枢纽交通调查流程

客运交通枢纽规划设计所需要开展的基础交通调查工作主要包括社会经济调查、城市用地调查、交通方式调查和 OD 需求调查。各项基础调查的基本流程如下:

一、准备阶段

准备阶段需要首先明确枢纽规划设计交通调查的调查任务,并在此基础上设计调查方案,明确调查目的和对象,确定调查的时间、地点和方法,并细化调查人员、工作安排和调查经费等。

二、实施阶段

实施阶段主要进行直接和间接调查资料的搜集。直接资料主要是指调查人员通过实地调查获得的数据资料,可能的数据包括交通方式到发时刻、客流量等。间接资料主要包括和枢纽规划设计相关的统计资料、业务资料、财务资料等。间接资料包括社会经济发展年鉴、交通发展白皮书等，一般可从规划部门、统计部门和交通管理部门获取。

三、统计整理阶段

统计整理阶段主要是对实施阶段获取的原始资料进行汇总、检验和校对。其中误差检验包括抽样误差和非抽样误差。抽样误差主要是指由调查样本推算总体时产生的误差。非抽样误差包括调查中的汇总错误、计算机录入错误、调查问卷数据错误等。

四、总结分析阶段

在对调查资料进行统计整理之后，还应运用统计分析等方法对调查资料进行综合分析，找到影响枢纽规划设计的规律特点，提出切实可行的解决方案。

第二节 客运交通枢纽基础资料调查

一、土地利用调查

土地利用调查的内容包括客运交通枢纽影响范围内的现状用地状况和规划的用地开发计划。具体包括特殊用地（交通、绿化等）的用地量、基础产业（工业、政府机关、教育等）的用地量、非基础产业（商业、服务业、医院等）的用地量、住宅用地量及开发密度等。土地利用调查资料一般可以从规划、国土等相关政府机构获得。

二、社会经济调查

无论是城市客运交通枢纽的网络规划还是枢纽单项规划，都要进行社会经济调查。具体包括枢纽相关的人口（总量、分布、构成、迁移情况等）、国民经济（人均收入、产业分布等）、客货运输（运输量、各种运输方式比重等）、交通工具（拥有量、构成等）。社会经济调查资料一般可以从统计部门、交通管理部门等政府机构获得。

三、自然情况调查

自然情况调查包括客运交通枢纽相关的气候、地形地貌、地质、自然资源、旅游资源等。气候、地形地貌和地质条件很大程度上决定各种交通的系统布局。城区的自然资源和旅游资源则对该区域的交通出行量有很大影响。自然情况资料一般可以从相关政府机构获取，其中气候、地形地貌、地质资料基本上是稳定不变的，自然资源和旅游资源可能会随着时间变化。因此对这两种资源资料应区别对待。

第三节 客运交通枢纽交通出行调查

交通出行调查也可称为起讫点调查，是客运交通枢纽调查中的重要内容。如果客运交通枢纽调查的范围不大，所涉及的调查对象不多，可以采用全样本调查，即对每一个个体都进行调查。但更多情况下,起讫点调查所涉及的调查对象都是海量的,受到人力、物力的限制就要采取抽样调查了。因此,样本率(样本容量与总体容量之比)的确定是十分关键的,一般可取2%~20%。总体越大,样本率取值越小。样本率的确定可以参考表3-3-1。

样本率确定表 表3-3-1

区域人口	<10	10~30	30~50	50~100	100~300	>300
样本率	15	10	6	5	4	3

一般的客运交通枢纽交通出行调查项目包括居民出行调查、流动人口出行调查、机动车出行调查、道路交通流量调查等。

一、居民出行调查

居民出行起讫点调查的主要方法有家访调查法、路边调查法等。家访调查法是指调查员在选定样本家庭之后登门拜访,对调查对象进行面对面询问,有调查员自己逐项填写调查表,一户一表。被调查对象应是样本家庭中6岁以上的全部家庭成员。家访调查法开展前,必须辅以大张旗鼓的宣传动员,力求家喻户晓,老少皆知,并争取派出所或居委会的支持。调查员在入户调查时,也务必态度和蔼、耐心细致。该方法的特点是回收率高,精度高,但存在人工耗时长,费用高的缺点。在人员密集的区域,可以采用路边调查法来代替家访调查,调查内容与家访调查内容一致,要省时省力得多。

二、流动人口出行调查

流动人口是城市人口的特殊组成部分,其出行规律与城市居民有较大差异。流动人口组成复杂,按停留时间可以划分为打工、出差、旅游、探亲和经商等。对不同类型的流动人口应采用不同的交通调查方法。流动人口调查表见表3-3-2。

流动人口调查表 表3-3-2

调查地点_____ 被调查人_____ 调查员_____ 日期_____ 天气_____

拟在本市天数		在本市居住地点				来本市原因(出差、旅游、探亲、经商、转车、其他)						
出行次序	出发地详细地址	出行原因				出行方式						目的地详细地址
		公务	娱乐	购物	回程	其他	小汽车	出租车	公交车	摩托车	自行车	步行	其他	

(1)对停留时间较长的人口,采用与城市居民相同的调查方法,调查内容也与城市居民调查相同。

(2)对暂住人口,在各宾馆、旅店进行抽样调查,调查内容侧重出行原因,停留天数等。

(3)对不住人口,在车站、码头进行实地采访调查,调查内容侧重出行原因、出行方式等。

三、机动车出行调查

机动车出行调查可以分为公交车出行调查和非公交车出行调查两大类,主要可采用发放表格法、路边询问法、车辆牌照法等。其中公交车出行调查的内容主要包括行车路线、发车班次、行车时间、行车延误、乘客数量等,可直接由公交公司的行车记录查得。非公交车出行调查的内容主要包括车辆种类、起讫地点、行车时间、出行距离、客货运输量等,其中对出租车应进行专项调查。机动车起讫点调查表见表3-3-3。

机动车起讫点调查表 表3-3-3

牌照:_____ 所属区(县):_____ 单位:_____ 填表人:_____ 出车日期:_____ 调查时段:0:00~24:00

客车(打√)	大	中	小	核定载客人	货车(打√)	大	中	小	核定载货t	不在调查区(打√)	不出车原因		在修	无任务	无驾驶员	厂修	其他
											(打√)						

次数	发车		到车		主要途经道路	载重情况(打√)			补充说明(打√)			
	时间	地点(最近交叉口)	时间	地点(最近交叉口)		满载	半载	空载	特种车	游览车	非正常耽搁	其他
1					路 路 路 路 路 路							
⋮					路 路 路 路 路 路							

四、道路交通流量调查

道路交通流量调查是进行客运交通枢纽影响区域现状交通网络评价、换乘阻抗函数标定等的重要依据。道路交通流量调查主要包括以下内容:

(1)道路机动车流量

主要调查道路分车型、分时段交通量。重要路段连续调查24小时,一般路段调查16小时或12小时。

(2)交叉口机动车流量

主要调查交叉口分车型、分时段、分流向交通量,流量调查16小时或12小时,流向调查两个高峰小时。

(3)道路自行车流量

主要调查干线道路分时段自行车交通量,重要路段调查24小时,一般路段调查16小时或12小时。

(4)交叉口自行车流量

主要调查交叉口分时段、分流向流量。流量调查16小时或12小时,流向调查两个高峰小时。

(5)核查线流量

核查线流量调查数据主要用于校核交通预测模型。每条核查线应至少把规划区域分成两部分,尽可能利用天然障碍线(如:河流、铁路、城墙等),核查线与道路相交处需要进行专门的流量调查。

第四节　客运交通枢纽调查方法

客运交通枢纽的交通调查涉及的内容很多,相关的调查方法也多种多样。特别是随着近年来技术的进步,一些新的技术手段也被应用于交通调查之中,在降低调查工作量、提升调查数据准确度等方面发挥了重要作用。客运交通枢纽交通调查方法可以主要划分为人工调查法和机械调查法两大类。

一、人工调查法

人工调查法是客运交通枢纽交通调查中应用最为广泛的一种调查方法,一般安排一组或多组调查人员即可在指定的调查地点开展,调查组织工作简单,人员调配和地点调整灵活,根据调查内容的不同,调查人员使用的调查工具包括计时器、记录板、纸笔等。

人工调查法适用于任何地点、任何情况下的短期枢纽交通调查,机动灵活、易于掌握,精度较高(调查人员经过培训,比较数量,又具有良好的责任心时),资料整理也很方便。但是这种方法一般需要大量的人力,工作强度大,易受不良天气影响。对调查人员一般应进行事先的调查培训,加强职业道德和组织纪律性的教育,在现场也应同时进行预调查、调查巡视和调查指导等工作。

二、机械调查法

随着技术的进步,目前很多发达国家和地区已经广泛采用各种机械装置开展枢纽交通调查。根据调查的要求,可以选择适合的机械装置开展连续调查,获得相对时间较长(1天24小时、1月或1年累计)的调查数据。机械调查可以节省大量人力,使用方便,可以同时开展范围相对广泛的调查,精度较高,特别适用于长期连续性的枢纽交通调查。但是机械调查也存在着一次性投资较大、对调查项目适应性较低等问题。因此,在开展客运交通枢纽调查时,应综合考虑机械装置的优缺点,发挥其长处。常见的机械调查装置包括:

(1)光电检测器。一般分为光束切断型和光束反射型两种。通过调查对象对光束的反射或干扰获得交通调查数据。

(2)雷达检测器。一般分为连续波雷达检测器和导向型雷达检测器两种。前者是利用悬挂在调查区域上方一定距离的检测器,向下方发射已知频率的无线电波并接收反射波,通过反射波和接收波的频率差异来检测通过的车辆。后者的原理是把无线电波以一定的频率输送到埋置在调查区域下方的传送线里,并有检测器检测调查区域通过的交通对象及其行为。这两种检测器都很精确可靠,目前我国国内已有较多的引进、研制和使用,效果较好。

(3)红外检测器。一般分为主动式和被动式两类,基本原理与雷达检测器相似。

(4)录像设备。采用摄像机或照相机作为记录设备,可以通过一定时间的连续图像给出定时间间隔或实际上连续的交通对象详细资料。在调查时要求将录像设备升高到工作位置,以便可以观测到所需调查的全部范围。调查完毕之后,可将录制到的影像重新放映,按照一定的时间间隔以人工或视频识别算法进行数据统计。这种方法获取的调查资料较为直观,且可以长期保存反复使用。

(5)卫星定位设备。卫星定位设备是一种全球性、全天候、连续的调查装置或系统,可以提供实时的三维坐标的位置、速度等空间信息和高精度的时间信息。因其具有定位精度高,速度快,不受云雾、森林等环境遮挡等特点,已经被广泛应用于各类交通专项调查之中。将卫星定位技术应用于客运交通枢纽交通调查,得到的交通状况信息具有重要价值,可以实现交通状况的实时检测。

(6)航测设备。航测设备可以在空中动态地监测交通运行状况,特别是监测道路上机动车的行驶路线、枢纽周边的路侧停车状况等。随着无人机技术的发展,目前已可以采用专业无人机开展客运交通枢纽相关的部分交通调查项目。

思考题

1. 客运交通枢纽交通调查的一般流程是什么?
2. 简要阐述客运交通枢纽基础资料调查的主要内容。
3. 客运交通枢纽的交通出行调查方法主要有哪些?

第四章
客运交通枢纽规划选址

作为重要客运方式的换乘点、乘客集散点,客运交通枢纽在城市规划与交通规划中占有重要地位。如何在有限的城市空间中,对各级各类客运交通枢纽进行合理布局,最大限度地提高枢纽服务水平,促进城市交通体系构建,促进整个城市的可持续发展是城市交通规划乃至城市总体规划中需要重点考虑的问题。

第一节 客运交通枢纽的规划选址目标

交通拥堵问题逐渐成为我国各大中城市发展中面临的一个共同话题,科学的客运交通枢纽规划选址显得尤为重要。最大限度地方便出行和换乘,实现城市的可持续发展,是枢纽规划选址的主要目标。除此之外,客运交通枢纽的规划选址目标还包括协调城市总体布局、衔接周边交通以适应城市发展和坚持以人为本等。

一、满足城市规划要求

客运交通枢纽在城市规划与交通规划中占有重要地位,与城市社会经济发展息息相关。以大型客运交通枢纽为例,其除完成自身的对外交通功能外,还发挥着重要的城市内部交通功能,可有效带动和促进周边区域发展,其规划选址的位置影响着城市发展的方向和城市职能的发挥。在客运交通枢纽规划选址时,应充分结合城市社会、经济发展等方面的具体特征,遵循城市发展的原则,考虑枢纽规划与综合交通规划乃至城市总体规划的关系,满足城市发展的需要。

二、满足城市总体布局需求

客运交通枢纽规划选址的一个重要目标是协调城市总体布局,衔接周边交通。客运交通枢纽在发挥其功能的同时往往会影响到城市空间的连续性与整体性,因此要充分考虑枢纽在整个交通运输网络中的地位和作用,既要注意与相邻线路能力的协调,也要考虑与其他运输方式的配合,保证整个运输过程的连续性,尽可能提高城市综合交通系统资源的使用效率,实现整个规划区域的规划目标。

三、满足客流集散需求

作为重要客运方式的换乘点、集散点,客运交通枢纽规划选址应满足客流集散中转需求,方便出行换乘,尽可能降低到达城市的乘客通过枢纽换乘进而到达市内目的地的时间消耗和经济消耗,降低城市内各区域居民到达枢纽的时间消耗和经济消耗,降低与其他城际客运站(火车、港口、机场)之间换乘的时间消耗和经济消耗。

第二节　客运交通枢纽的规划选址原则

除坚持上述规划选址目标之外,科学合理的客运交通枢纽规划还应遵循如下原则。

一、"人性化"原则

客运交通枢纽的规划建设归根结底是为乘客服务的,人性化的设计原则是枢纽规划选址的基础原则。因此,客运交通枢纽的布局选址应坚持以人为本的原则,将人性化的理念在枢纽布局的各个环节中体现出来。

二、"可持续发展"原则

作为交通基础设施的重要组成部分,客运交通枢纽规划要符合城市的总体发展规划,枢纽的发展同时也影响着周边地区甚至是城市总体的发展,以静止的眼光看待客运交通枢纽在城市空间的地位是不切实际的。因此,客运交通枢纽的布局选址应考虑到城市进一步发展的可能性,留有足够的场地,满足车站建设及未来发展的需要,注重可持续发展。同时也应满足城市近期和中远期发展规划,与城市规划发展相协调,充分体现发展战略规划。

三、"网络化"原则

客运交通枢纽的职能是将城市分区和各层级交通体系有机地衔接与延伸,任何一个枢纽都不可能单独存在,必须依托于城市的交通网络。要注重与各种运输方式相协调,在客运交通枢纽规划选址时,应充分考虑枢纽在城市交通体系中的地位和作用,使各种交通方式相互协调、相互衔接，合理地规划交通网络。

四、"连续性"原则

客运交通枢纽位置的设置应以交通畅通有序为前提，为乘客换乘提供方便，引导乘客选择最佳交通路线，方便就近乘车，这样才能保证交通连续，减少延误。一个布局选址合理的客运交通枢纽，应可以缩短各类交通方式换乘时间，提高交通安全与效率。

五、"定量性"原则

客运交通枢纽规划选址工作中要对枢纽数量、用地规模等指标做定量分析，在交通客流集中地，应根据城市具体情况，经过定量分析来设立枢纽。不同等级、类型的枢纽可按照整体规划，分期实施。随着交通规划的修改，枢纽规划也应作相应的修改。

六、"环保性"原则

客运交通枢纽的设立是为人服务的，但其所衔接的交通工具势必会带来噪声、尾气、资源浪费等一系列负面问题。枢纽在为乘客提供舒适的换乘环境和完善的服务功能的同时，应尽可能实现低排放和低能耗，注重与周边环境的协调，引导城市居民低碳出行。

七、"整体性"原则

客运交通枢纽在发挥其功能的同时往往会影响到城市空间的连续性与整体性，因此要充分考虑到枢纽在整个交通运输网络中的地位和作用，既要注意与相邻线路通行能力的协调，也要考虑与其他运输方式的配合，从而保证整个运输过程的连续性，实现整个规划区域的规划目标。

第三节 客运交通枢纽的吸引范围

在明确客运交通枢纽规划选址目标和原则的前提下，应结合城市总体规划布局与土地使用状况、城市的规模及其发展形态和区域经济发展水平等因素，对随着城市的发展和总体规划布局自然形成的，由于城市规划等原因造成的该地区客流量较大的枢纽进行分阶段的规划选址工作，具体包括枢纽吸引范围划分、客流需求预测、规模及布局模式确定等。

一、客运交通枢纽吸引范围定义

客运交通枢纽吸引范围分析就是通过对枢纽聚集效应的分析，研究枢纽的客流吸引状况，以服务于枢纽的客流需求预测、区域用地功能组织以及枢纽衔接布局优化等工作。不同等级的客运交通枢纽有不同的吸引范围。对任何一个枢纽而言，都有可能会有来自枢纽周边的居民或是距离枢纽很远的乘客来此换乘。但到达这一枢纽的相对可达性会逐渐变弱，因此枢纽吸引力的大小一般会随着距离的增长而衰减。并且在考虑两个等级相当枢纽的交互作用时，在两个枢纽之间必然存在着一条界线，在此界线的一侧的出行者，其出行或换乘选择以到达这一侧的枢纽为主，在此界线另一侧出行者的乘车或换乘则主要是以另一个枢纽为主。

客运交通枢纽对客流的吸引可以划分为三个层次,一是完全靠步行到达枢纽乘坐轨道交通的客流;二是通过自行车等慢行交通到达客运交通枢纽换乘轨道交通或其他公共交通方式的客流;三是通过其他非快速轨道交通工具达到客运交通枢纽换乘轨道交通或其他公共交通方式的客流。因此,可将枢纽的客流吸引范围划分为三个层次:一级吸引范围、二级吸引范围和三级吸引范围。

1. 一级吸引范围

一级吸引范围一般较小,在市中心客运交通枢纽密集的地区,以步行到枢纽乘车的范围为准,一般不超过500m;在市郊,以步行到达客运交通枢纽的时间不超过15min为准,一般不超过1000m。

2. 二级吸引范围

二级吸引范围主要采用自行车等慢行交通工具到达客运交通枢纽出行。随着到达特定枢纽的距离增加,采用慢行交通工具前往枢纽的可行性逐渐变小。考虑到中转时的交通条件,取自行车的平均出行速度为15km/h,以20min作为骑行者的舒适骑行时间,可确定二级吸引范围一般在5km左右。

3. 三级吸引范围

三级吸引范围主要采用公交车、小汽车等机动化交通工具到达客运交通枢纽出行。考虑到中转道路的交通条件,取平均的中转旅行速度为60km/h,当平均出行距离为50km时,吸引半径在20km的范围内。考虑到最外层乘客的出行距离一般较大,当出行距离增大到100km时,可以计算得知,三级吸引范围为不超过40km。

二、客运交通枢纽吸引范围的确定方法

客运交通枢纽吸引范围的确定可以采用类别吸引率法进行。

1. 数学假设

类别吸引率法首先将客运交通枢纽作为一个质点考虑并进行功能划分。将枢纽划分为 n 个功能,枢纽的功能编号用 i 表示, $i=1,2,3,\cdots,n$。然后根据用地性质,将枢纽外部划分为 m 个外部分区,分区编号用 j 来表示, $j=1,2,3,\cdots,m$;用 S_i 表示枢纽 i 功能的面积, a_i 表示枢纽 i 分区的吸引率, a 表示枢纽综合吸引率, A_j 表示 j 分区平均吸引率,用 R_k 表示枢纽对 k 分区的最大影响半径, α_k 表示 k 分区中心角; T_k 表示 k 分区日均出行次数, D_k 表示 k 分区人口密度。

2. 建模计算

首先以客运交通枢纽为研究对象,计算对各个分区的日吸引量;然后分别以各个分区为研究对象,计算分区出行到客运交通枢纽的日出行量;最后通过建立等式,能够求出客运交通枢纽对各个分区的影响半径。

客运交通枢纽对第 k 个分区最大吸引距离计算过程如下:

(1) 计算城市公共交通枢纽对 k 分区的日吸引量

$$A = \sum_{i=1}^{n}\left[(S_i \cdot a_i)\frac{A_k}{\sum_{j=1}^{m}A_j}\right] \qquad (4\text{-}3\text{-}1)$$

(2) k 分区至城市公共交通枢纽的日出行量

$$B = \pi R_k^2 \cdot \frac{\alpha_k}{360} \cdot D_k \cdot T_k \cdot \frac{a}{\sum_{j=1}^{m} A_j + a - A_k} \tag{4-3-2}$$

根据平衡原理 $A = B$,所以求得城市公共交通枢纽对 k 分区的影响半径 R_k 的计算公式为:

$$R_k = \left[\frac{1}{\pi} \cdot \frac{360}{\alpha_k} \cdot \frac{A_k}{a} \cdot \frac{\sum_{j=1}^{m} A_j + a - A_k}{\sum_{j=1}^{m} A_j} \cdot \frac{\sum_{i=1}^{n} (S_i \cdot a_i)}{D_k \cdot T_k} \right]^{\frac{1}{2}} \tag{4-3-3}$$

$$a = \frac{\sum_{i=1}^{n} (S_i \cdot a_i)}{\sum_{i=1}^{n} S_i} \tag{4-3-4}$$

3. 确定步骤

基于类别吸引率法的客运交通枢纽影响范围确定具体步骤如下:

步骤1:以客运交通枢纽为中心,按用地性质将枢纽外的区域进行分区。

步骤2:计算枢纽对各分区的最大可能影响半径。

步骤3:进行出行距离检验。

检验数通常选择80%以上的人能够接受的出行距离,部分城市可以取 4.5km,比较检验数和吸引半径的大小,将两者中的较小值作为影响范围。

步骤4:选择既有道路,以检验数和吸引半径中的最小值为标准进行围合,围合的内部区域即为影响范围。

第四节 客运交通枢纽的客流需求预测

客流需求分析是一项复杂、综合性强的系统工程,通过对交通资料的分析,找出乘客出行的规律,并利用这些规律分析交通问题产生的原因,以及未来或交通设施变化后的交通运行特征,这个过程需要通过大量的数据分析,运用科学的模型分析理论。

客运交通枢纽客流需求预测是指在一定的社会经济、人口、土地使用以及交通发展的前提下,利用交通模型技术手段,预测目标年枢纽乘降客流总量、交通方式断面流量和换乘客流量等客流需求特征指标的过程。客运交通枢纽集散客流总量及各种交通方式的分担预测量是确定枢纽规模的主要依据。

一、客运交通枢纽客流需求预测原则

1. 科学性原则

科学性原则是指在研究中应用科学的方法,以事实为基础,以合理的实践理论为指导,正确地分析解决客运交通枢纽规划建设中的现状问题和"潜在"预测问题。

2. 前瞻性原则

需求预测的目的是求解客运交通枢纽未来年的交通需求量,包括交通的发生吸引量、交通方式比例等。应针对交通需求问题结合未来若干年发展趋势进行评价并提出相应的解决措施,要有预见性,清楚掌握研究预测区域的交通运行和发展规律。

3. 全面性原则

全面性原则是指要做到在问题研究中全面考虑各种因素,以便得到合理正确的结论,所得到的成果能够解决可能发生的多种情形,避免因单一结论导致的极端错误。

4. 特殊性原则

特殊性原则是指在研究中要避免一概而论,要针对客运交通枢纽可能的特殊问题做特别考虑,并给出科学合理的建议和有针对性的解决措施,预测和评价结果应具有可信性和可行性。

二、客运交通枢纽客流需求预测方法

交通需求预测是否准确直接决定了交通影响分析的准确性。科学的需求预测方法是客运交通枢纽客流预测工作顺利、高效开展的重要前提。

1. 交通需求预测内容

由于城市客运交通枢纽交通分析中影响因素组成较为复杂,故在交通需求预测之前需要明确预测内容,便于交通需求预测的顺利展开。

城市客运交通枢纽交通需求预测工作主要包括背景交通需求和枢纽新生成交通需求。其中,背景交通需求即非项目因素所导致的交通需求,即目标年无枢纽的交通需求,主要包括过境交通需求和其他项目交通需求;新生成交通需求即由于新建枢纽所增加的交通需求,对于新建项目来说新生成交通需求就是项目交通需求,对于扩改建项目来说新生成交通需求是项目诱增的交通需求。将新生成交通需求与背景交通需求相叠加即为目标年有枢纽的交通需求。影响范围内交通需求预测的内容如图 4-4-1 所示。

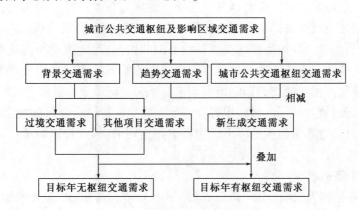

图 4-4-1 交通需求预测的内容

(1) 背景交通量构成分析

背景交通需求是在影响范围内,除去建设项目新生成交通需求以外的其他交通需求。城市的各个子系统都会随着时间的推移、社会经济状况的变化而发生相应的改变。交通系统作为一个动态的子系统，也同样受到多种因素的影响，发生着动态的变化。对枢纽及其影响区域而言，即使目标年没有建设枢纽，交通影响范围内甚至整个城市的交通状况与现在相比都会发生或多或少的变化，而枢纽对周边交通产生的影响就是建立在这种未来的路网交通状况基础上的。因此，为了准确判断未来枢纽对交通系统的影响，需要进行背景交通需求预测。背景交通需求主要由两部分构成：

①过境交通量。过境交通量通常指的是通过性交通量，即出行的起点和终点均在划定的影响范围以外的交通量。但在实际研究中影响范围内已经建成的项目产生和吸引的交通量通常也归于通过性交通量。这是因为虽然这类交通量的出行起点或终点位于影响范围之内，但是现状路网上已经包含了这类项目的交通量，不必再单独考虑。

②其他项目交通量。如果影响范围内存在除本项目以外的其他在建或者待建项目在目标年会投入使用，这些项目产生和吸引交通量也应该包含在背景交通量之中。

（2）背景交通量的预测

交通分配是将交通小区之间的交通分布量分配到路网上，得到各路段上的交通量。其本质上是将 OD 量转化为路段流量的过程。与交通分配相反，OD 反推的计算过程是一个利用观测得到的路段流量和交通分配矩阵计算 OD 矩阵的过程。

$$\sum_i \sum_j T_{i,j} P_{i,j} = T_a \tag{4-4-1}$$

式中：$T_{i,j}$——交通小区 i 到 j 的交通量，$i,j = 1,2,3,\cdots,N$；

$P_{i,j}$——交通小区 i 到 j 的交通量经过路段 a 的比例（$0 \leq P_{i,j} \leq 1$）；

T_a——路段 a 的流量，$a = 1,2,\cdots,M$。

基于 OD 反推的背景交通量预测步骤如下：

①交通小区划分。

OD 矩阵体现了各个小区间的交通出行量。因此，在进行 OD 反推之前必须先进行交通小区的划分。对枢纽及周边道路进行交通小区划分时应综合考虑多种因素影响，包括土地利用、自然条件、区域特征等。城市公共交通枢纽进行交通影响分析重点是枢纽对于影响范围内的影响程度，所以交通影响范围因素对划分交通小区发挥着重要地位。除了遵循一般交通小区的划分原则以外，还应以交通影响范围为边界，划分内部小区和外部小区（虚拟小区）。

交通影响分析的重点区域是枢纽交通影响范围的内部，因此内部小区应按照土地利用性质、交通小区划分的原则进行细致的划分。而交通影响范围外围区域也要进行外部小区的划分，即划分虚拟小区。枢纽的交通影响范围划定并不表明交通影响内部区域与外界是分开的，交通影响范围内部区域与外围区域间也存在一定交换交通量。而交通影响范围内部和外部的交通量交互主要是通过影响范围边界上的主要道路实现的，因此将影响范围路网尽端所对应的区域划分为虚拟小区。

②初始 OD 矩阵的确定。

初始 OD 矩阵也称为先验 OD 矩阵或者种子 OD 矩阵。初始 OD 矩阵的输入在进行 OD 反推时必不可少，高质量的初始 OD 矩阵能够体现实际交通小区间的出行分布情况，使得 OD 反推的结果更为精准。初始 OD 矩阵给定了 OD 矩阵的初始值，确定了输出矩阵的行、列的维数。其主要的作用是对解进行约束，最终求解出唯一的 OD 矩阵推算值。

目前确定初始 OD 矩阵的方法及特点如表 4-4-1 所示。

初始 OD 矩阵确定方法对比表 表 4-4-1

方　　法	原　　理	适　用　性	优　缺　点
借助历史 OD 数据法	借助历史 OD 数据,将历史交通分布数据根据实际情况稍作校正后作为初始 OD 矩阵	适用于交通状况没有发生重大改变的情况	能够很好地反映各个交通小区间的出行结构,精确度高,但历史 OD 矩阵的获取往往存在一些困难
固定值法	将除对角线以外的 OD 矩阵元素值赋一个固定值,例如 1,对角线上的元素赋 0	适用于对反推结果精确度要求不高,或者缺乏基础数据的情况	方法简单,可操作性强,但反推得到的 OD 矩阵精度不高
出行阻抗推算法	利用出行阻抗与居民的出行量之间的关系来计算初始 OD 矩阵,小区间的阻抗越小,相应的出行量就越大,据此计算各个小区间出行量占全部出行量的比重,得到 OD 初始矩阵	适用于能够获得较准确出行阻抗矩阵的情况	能够很好地反映小区间的出行规律,比较贴合实际,并且可操作性强

通过对比以上方法,可以发现借助历史 OD 数据法精度高,但数据不易获取,而固定值法往往与实际偏差较大,因此在背景交通需求预测中利用出行阻抗推算法确定初始 OD 矩阵。

$$t_{ij} = 1 - \frac{d_{ij}}{\sum_{ij} d_{ij}} \tag{4-4-2}$$

式中: t_{ij}——小区 i 与 j 间的出行量比重;

d_{ij}——小区 i 与 j 间的出行阻抗。

当影响范围不是很大且划分的小区数量较多时,小区出行阻抗往往较小。此时,由式(4-4-2)计算得到的初始 OD 矩阵中的各元素的值接近于 1,初始 OD 矩阵与赋固定值的方法差别不大,这时初始 OD 矩阵可以采用如下计算方法:

$$t_{ij} = \begin{cases} 0 & (i = j) \\ \dfrac{1/d_{ij}}{\sum_{ij} 1/d_{ij}} & (i \neq j) \end{cases} \tag{4-4-3}$$

式中: t_{ij}——小区 i 与 j 间的出行量比重;

d_{ij}——小区 i 与 j 间的出行阻抗。

③观测路段的选取。

OD 反推的基础是路段的交通流,所以调查路段的选取也是一个非常重要的问题。合理地选取调查路段能够使 OD 反推的结果更为准确。在选取观测路段的时候往往涉及观测位置和选取路段数量两个方面的问题。选取路段数量不足可能会造成反推结果不准确。同样,观测点位置选择不当也会造成数据信息的遗漏。因此,选取路段应遵循以下原则:

a. OD 覆盖准则。选取的路段上的交通量应当覆盖全部的 OD 对信息。

b. 最大流量准则。通常情况下,当路网中观测的交通流越大时,OD 反推结果越准确。所以,在进行路段调查时,尽可能满足最大流量准则。

c. 调查路段个数尽量不少于路段总数的 10%。

d. 路段独立准则。选取的调查路段上的交通量不能通过选取的其他路段流量推算得出。

e. 最大流截断准则。选择的观测路段应尽量多地截断 OD 交通量。

f. 观测交通量要具有方向性。

在实际的路段选取工作中，要同时满足以上准则是很困难的。这种情况下，通常优先满足准则 a 和准则 b 的要求。

④进行 OD 反推。

OD 反推可以通过交通规划软件 TransCAD 实现。利用确定的初始 OD 矩阵，以该矩阵为起始点，不断进行交通分配、分配结果与实际流量比对修正 OD 矩阵和再次分配的过程，直到分配结果满足收敛条件为止。

⑤各小区背景交通发生量与吸引量计算。

通过 OD 反推，得到了当前各小区间的交通分布状况。再通过现状 OD 矩阵计算出现状各小区的交通发生量与吸引量。将小区 i 到小区 j 的出行量用 $t_{i,j}^0$ 表示，P_i^0 表示小区 i 的现状交通发生量，A_j^0 表示小区 j 的现状交通吸引量，那么各小区现状交通发生量与吸引量可以表示为：

$$P_i^0 = \sum_j t_{i,j}^0 \tag{4-4-4}$$

$$A_j^0 = \sum_i t_{i,j}^0 \tag{4-4-5}$$

根据当前各个小区的交通生成情况，利用增长率法预测得到目标年各小区的发生量与吸引量。小区 i 第 n 年的交通发生量用 P_i^n 表示，发生量年增长率用 ω_i 表示；小区 j 第 n 年的交通吸引量用 A_j^n 表示，吸引量年增长率用 ω_j 表示。对于现状有其他待建或者在建项目，目标年将会投入使用的小区来说，还需要考虑其他项目交通量。新投入使用项目的交通生成量可以利用出行率进行计算。将新项目划分为 k 个功能，$k = 1,2,\cdots,m$，用 M_k 表示项目中功能 k 的规模指标，q_k 表示功能 k 单位规模高峰小时出行率，ξ_k 表示项目第 k 个功能的利用程度系数，$0 \leq \xi_k \leq 1$。

小区背景交通发生量与吸引量的计算公式如下：

$$P_i^n = P_i^0 (1 + \omega_i)^n + \sum_{k=1}^m M_k \cdot q_k \cdot \xi_k \tag{4-4-6}$$

$$A_j^n = A_j^0 (1 + \omega_j)^n + \sum_{k=1}^m M_k \cdot q_k \cdot \xi_k \tag{4-4-7}$$

其中，年增长率的取值主要受到小区人口、小汽车增长率等社会经济因素的影响。若小区 i 目标年无新投入使用的其他项目，则 $M_k = 0$。

2. 城市客运交通枢纽新生成交通量预测

(1) 新生成交通量界定

新生成交通需求是指建设项目投入使用后所生成的新增交通需求，即诱增的交通需求。在交通影响分析的交通需求预测时，新生成的交通需求主要分为以下两种情况：

①新建项目新生成交通需求。项目建设之前项目用地处并无其他项目，所以新生成交通需求就是建设项目生成的全部交通需求。

②扩改建项目新生成交通需求。对于扩改建项目来说，由于项目用地处有旧的设施，目标年如果没有进行扩改建，旧的项目也会存在交通需求。因此，新生成交通需求不包括此部分交通需求，所以项目新生成交通需求仅仅是项目诱增的交通需求。

枢纽的建设也分为新建和扩改建两种情况，新建枢纽新生成交通需求就是枢纽建成以后生成的全部交通需求。而扩改建交通枢纽往往是在具备一定公交线路和地铁线路的基础上进行建设的。所以对扩改建枢纽新生成交通需求必须要考虑原有设施在未来年的交通量即趋势交通生成量。

用 D 表示枢纽新生成交通量，D_1 表示枢纽用地区域趋势交通生成量（若为新建枢纽，$D_1=0$），D_2 表示枢纽交通生成量，新生成交通量可以表示为：

$$D = D_1 - D_2 \tag{4-4-8}$$

（2）新生成交通量预测

①趋势交通生成量。

趋势交通生成量即枢纽用地区域的背景交通生成量，主要预测目标年不进行枢纽建设时既有项目的交通生成量，有定性预测法、相关回归分析预测法和时间序列预测法等。

②城市客运交通枢纽交通生成量。

从功能上来看，城市客运交通枢纽的主要功能是交通功能，其他为附属功能，到达和离开枢纽的客流主要以换乘客流为主。枢纽的换乘衔接过程如图4-4-2所示。

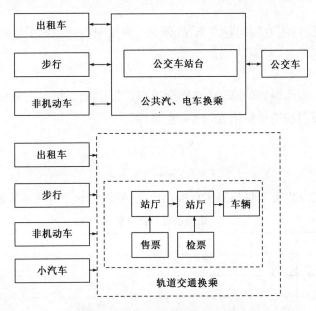

图4-4-2　枢纽中各种交通方式的换乘衔接

假设枢纽能够实现 n 种交通方式接驳，高峰小时通过第 i 种交通方式（$i=1,2,\cdots,n$）到达枢纽进行换乘的客流量和经枢纽换乘后离开客流量分别用 p_i 和 q_i 表示，到达和离开的换乘客流第 i 种交通方式分担率分别用 α_p^i、α_q^i 表示，枢纽高峰小时换乘客流量用 Q 表示。则 p_i 和 q_i 可以表示为：

$$p_i = Q \cdot \alpha_p^i \tag{4-4-9}$$

$$q_i = Q \cdot \alpha_q^i \tag{4-4-10}$$

通过式(4-4-9)、式(4-4-10)可将换乘客流量转换成各种交通方式的发生与吸引客流量。其中，Q 通常可由枢纽的规划条件得到，参数 α_p^i，α_q^i 的确定方法目前有两种：类比法和经验值法。

类比法就是选取两三个类似项目进行调查,将建设项目与类似项目进行类比分析,再考虑目标年的城市与交通发展情况下确定项目交通方式分担率。经验值法就是当无类似项目可选时结合城市综合规划与专项规划的成果并进行相应修正,作为项目交通方式分担率。其中类比法应用最为广泛。

进出枢纽的地面交通方式对枢纽的交通系统造成主要影响。从图4-4-2可以看出地面交通方式主要包括步行、非机动车、公交车、出租车、小汽车。用$\bar{p}_i,\bar{q}_i$表示枢纽高峰小时第i种地面交通方式发生量和吸引量,∂_i表示第i种交通方式承载率。则:

$$\bar{p}_i = \frac{p_i}{\partial_i} \tag{4-4-11}$$

$$\bar{q}_i = \frac{q_i}{\partial_i} \tag{4-4-12}$$

∂_i表示第i种交通方式承载率。承载率也称为合乘率或者载客率,即平均每辆车承载人数。一般出租车承载率为1.1~1.5;小汽车承载率为1.2~1.8;对于非机动车和行人,承载率取1。

特别地,公交车按特定时间间隔发车,故公交车发生量与吸引量根据发车频率及规划线路条数计算。

③诱增量计算。

设趋势交通需求预测得到的第i种地面交通方式发生量与吸引量分别为$\bar{p}'_i,\bar{q}'_i$,第i种地面交通方式发生与吸引的诱增量用$\Delta\bar{p}_i,\Delta\bar{q}_i$表示,则:

$$\Delta\bar{p}_i = \bar{p}_i - \bar{p}'_i \tag{4-4-13}$$

$$\Delta\bar{q}_i = \bar{q}_i - \bar{q}'_i \tag{4-4-14}$$

将各种交通方式发生吸引量换算为标准小汽车量,换算标准如表4-4-2所示。

车型换算系数方案　　　　　　　　　　表4-4-2

车型	换算系数	车型	换算系数
小汽车	1.0	三轮汽车	0.9
面包车	1.0	摩托车	0.8
卡车	1.3	小型摩托车	0.6
小型货车	1.0	拖挂车	1.9
公共汽车	1.5	自行车	0.5
电车	2.5		

3. 交通分布预测与交通流分配

通过预测背景交通量和枢纽新生成交通量,得到目标年各个小区背景交通发生量与吸引量和枢纽所在小区新增交通发生量与吸引量。对预测的背景交通发生量与吸引量进行分布和分配,得到目标年影响范围内无枢纽各路段交通量。将枢纽诱发的新增交通发生量与吸引量叠加到枢纽所在小区再进行交通分布与分配,得到目标年影响范围内有枢纽各路段交通量。

(1)交通分布预测

交通分布是将小区的交通发生量和吸引量转化为交通小区之间的OD出行量的过程。枢纽交通影响分析中交通分布主要包括背景交通分布和有枢纽交通分布两方面的内容。

交通分布一般可采用交通规划中常用的分布方法，主要包括增长系数法和重力模型法。

①增长系数法。

增长系数法是将现状的 OD 矩阵乘以一定的增长系数得到目标年的 OD 矩阵。该方法需要具有当前的交通分布矩阵，交通分布预测的结果只与当前的交通分布情况和增长率的大小有关。

该方法的优点是结构简单，易于使用，不需要交通小区之间的距离和时间。适用于短期内用地和交通基础设施变化不大的情形。不适用于中长期预测，可能会产生较大误差。

②重力模型法。

重力模型法主要考虑的是各小区的交通生成量和小区间阻抗因素，较为贴合实际，是目前应用比较广泛且精度比较高的分布模型。重力模型包括单约束重力模型和双约束重力模型，其中后者的应用比较广泛。

双约束重力模型表达式为：

$$q_{ij} = a_i P_i b_j A_j f(d_{ij}) \tag{4-4-15}$$

$$a_i = \left| \sum_j b_j A_j f(d_{ij}) \right|^{-1} \tag{4-4-16}$$

$$b_j = \left| \sum_i a_i P_i f(d_{ij}) \right|^{-1} \tag{4-4-17}$$

式中：P_i——小区 i 产生交通量；

A_j——小区 j 吸引交通量；

a_i、b_j——平衡系数；

q_{ij}——OD 矩阵中第 i 行第 j 列的元素；

$f(d_{ij})$——小区 i 和小区 j 之间的阻抗函数。

重力模型法直观上容易理解，能考虑路网变化和土地利用对人们出行所产生的影响，而且重力模型法能够考虑未来区域的规划情况，包括用地状况、路网状况、交通阻抗等因素；能比较敏感地反映交通小区之间行驶时间变化的情况，预测精度较高。

(2) 交通流分配

实际中，每个 OD 点对之间具有多条可选路径，交通分配本质上就是将交通分布得到的 OD 矩阵分配到实际路网中的过程。枢纽交通影响分析中交通分配主要包括背景交通分配和有枢纽交通分配。目前常用的分配方法如图 4-4-3 所示。

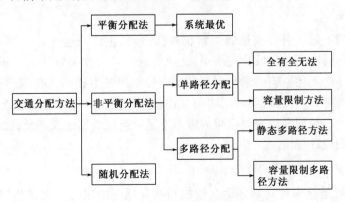

图 4-4-3 交通分配方法

不同的交通分配模型有各自的优缺点，目前应用最广泛的是平衡分配模型。其中，平衡分配模型主要包括用户平衡法和系统最优法。由于出行者往往对整体路网的交通信息掌握有限,因此多采用用户平衡的交通分配方法。

具体用户平衡法的模型形式如下:

$$\min: Z(X) = \sum_a \int_0^{x_a} t_a(w) \mathrm{d}w$$

$$\text{s. t.} \begin{cases} \sum_k f_k^{rs} = q_{rs} & \forall r,s \\ f_k^{rs} \geq 0 & \forall r,s \\ X_a = \sum_r \sum_s \sum_k f_k^{rs} \delta_{a,k}^{rs} & \forall r,s,a \end{cases} \quad (4\text{-}4\text{-}18)$$

式中:X_a——路段 a 上的交通流量;

t_a——路段 a 上的阻抗;

f_k^{rs}——点对 (r,s) 间的第 k 条路径的交通流量;

q_{rs}——点对 (r,s) 间的 OD 量;

$\delta_{a,k}^{rs}$—— 0~1 变量,路段 a 在 (r,s) 间的路径 k 上时取 1,否则取 0。

用户平衡法是通过不断迭代的过程进行计算的,当出行者无法通过改变路径而改进出行时间时算法停止。其模型的核心是交通网络中的用户试图选择最短路径,而最终被选择的路径的阻抗最小且相等。

第五节　客运交通枢纽的规模确定

客运交通枢纽的规模量化是枢纽规划和设计的重要内容。以客运交通枢纽等级结构及客流需求预测为基础,确定科学合理的枢纽规模,可为枢纽设施设计、城市规划预留用地等提供可靠依据。

一、客运交通枢纽设计规模

客运交通枢纽设计规模应符合城市发展的需要,满足出行者舒适方便乘车、换乘需求。确定枢纽规模的方法主要有经验类比法、调查计算法、网络通行能力法和均衡交通分配法。

1. 经验类比法

影响客运交通枢纽吸引客流量的因素很多,既包括枢纽周边土地使用状况、人口构成状况,也包括枢纽可达性、所在区域公交水平、交通管理政策及相关枢纽的建设状况。经验类比法实际上就是找一个上述影响因素与规划客运交通枢纽基本相同或相似的枢纽,在规划枢纽规模确定中加以参考。当然,现实情况中与上述影响因素完全相同的枢纽是不可能存在的,通常的做法是找多个与规划客运交通枢纽等级差不多且类似的枢纽,经分析比较,选择一个中间值作为规划枢纽的设计规模。

2. 调查计算法

调查计算法就是首先对规划客运交通枢纽所在地区的出行产生量与出行吸引量进行调查、预测,然后将这些出行量中公交所占出行比例分配给规划枢纽,或者直接预测公共交通出行客流量,按比例推算客运交通枢纽规模。

近年来的研究实践中发现,在交通需求预测之后通过参考各种规范标准,直接确定客运交通枢纽的规模,并没有考虑枢纽的规划对城市路网的影响问题,没有将交通一体化的概念使用到城市枢纽规划中去,由于枢纽两者之间相互影响、密不可分的关系,在客运交通枢纽规划和设计过程中,必须将周边交通网络考虑进去。提出了基于综合交通网络的通行能力法和均衡交通分配法。

3. 网络通行能力法

将综合交通网络通行能力作为设施规模确定的约束条件,确定综合客运交通枢纽的生产规模指标,进而量化各类设施规模:①根据交通调查确定枢纽主要影响路段交通流量现状;②将枢纽产生的新的交通量根据客流方向分析及车流预测,分别加到各路段原有交通流量上去;③分析高峰小时段路段交通流量及车流量,对道路通行能力进行评价,分析车辆行驶速度、拥挤程度,确定路段可承受交通流量,从而推出在约束条件下的年日均乘客发送量。

4. 均衡交通分配法

使用均衡交通分配法确定客运交通枢纽规模的具体思路是:①将规划的交通网络作为枢纽规模的初始路网,将枢纽布置在路网上作为节点;②将枢纽产生的新的交通量加到原来的客运矩阵中去;同时,对交通网络进行调整,形成包含新建枢纽的新的交通网络;③以在交通网络上的运输中转费用和路段扩建费用的总成本最小为原则,应用均衡交通分配方法将上述新的客运矩阵在新的交通网络上进行交通分配,由经过客运交通枢纽节点的交通流量确定枢纽的规模;④对客运交通枢纽规模适应性和路网技术性能进行评价,根据评价结果考虑方案接受与否,进行循环调整,直到枢纽与交通网络同时满足要求。

二、客运交通枢纽规模量化指标的确定

客运交通枢纽规模量化主要以与枢纽生产能力相关的生产规模指标为基础和依据,量化各类设施规模及枢纽整体规模。主要生产规模指标包括年平均日客流量、最高聚集人数、各类交通工具平均服务客流量等。

(1)年平均日客流量是指客运交通枢纽统计年度平均每天的乘客数量。该指标是反映枢纽建设规模和生产能力的指标,对于待建枢纽,主要依据设计年度客流量进行量化。

(2)最高聚集人数是指换乘高峰期间,瞬时出现的最大在站人数的平均值。最高聚集人数可按照设计年度的平均日客流量乘以相应的百分比计算,或根据同期客运交通枢纽一次最大发车数量乘以车辆平均定员人数计算。

(3)各类交通工具平均服务客流量通常通过相关调研确定实载率,用实载率与额定载客数的乘积便可求得。该指标是确定各类交通方式日均发车班次和发车位数量的依据。

三、场站类设施规模分析

在客运交通枢纽的等级结构及枢纽交通需求预测等基础上研究设施规模,可为枢纽规划选址提供科学依据,且为城市规划预留用地提供依据。一般而言,客运交通枢纽内主要的交通设施可分为集散类设施、站场类设施以及车辆在枢纽内运行所需要的设施。

站场类设施主要包括站务用房、办公用房、生活辅助用房、停车场、发车位及其他,这类设施规模的计算主要参考各类国家及行业规范、标准及建设要求,并结合实际,如社会经济发展

状况及城市发展规划,做相应的调整。

1. 长途客运类枢纽的规模

长途客运类枢纽设施由生产设施、生产辅助设施和生活服务设施三部分组成。生产设施是场站类设施的主要构成部分,包括站前广场、站房、发车位和停车场等。生产辅助设施包括维修车间、洗车台、配电室、锅炉房等。生活服务设施包括司乘公寓、单身职工宿舍、职工食堂等。

长途客运类枢纽各类设施规模的确定目前主要依据《汽车客运站级别划分和建设要求》(JT/T 200—2004)中规定的设施规模量化方法。该规范中将主要客运交通枢纽划分为五个级别以及招呼站和简易站,且对不同级别的枢纽提出了不同的设施设备配置的参考意见,还给出了枢纽主要设施规模量化方法。枢纽需求规模计算见式(4-5-1)。

$$A = \sum \mu_i Q_i + C \tag{4-5-1}$$

式中:A——枢纽需求规模;

Q_i——远景年枢纽功能区作业量;

μ_i——枢纽功能区单位生产能力所需面积;

C——发展调整参数。

客运交通枢纽规模量化具体步骤如下:

首先,根据设计年度平均日乘客发送量,以标准中的相关规定及城市规划为依据,参照通过客运量和道路通行能力两因素所确定的设计年度日乘客发送量,确定客运交通枢纽等级。

其次,根据年平均日乘客发送量的预测值,确定应设置的发车位的个数。

再次,根据规范中对应级别客运交通枢纽设施设备配置给出的参考意见,进行如售票厅、候车厅、停车场面积和发车位面积等各类设施规模测算。如该规范方法中规定计算站前广场面积时,一、二级客运交通枢纽按乘客最高聚集人数每人 $1.2 \sim 1.5 m^2$ 可计算,三级客运交通枢纽按乘客最高聚集人数每人 $1.0 m^2$ 可计算。候车厅按设计年度乘客最高聚集人数每人 $1.0 m^2$ 可计算,停车场面积的计算一般按照同期发车数量的8倍计算,其中单个车辆所需面积按照不同客车其投影面积的3.5倍计算。

最后,结合实际对计算结果做相应调整。为满足枢纽以人为本、舒适、现代化的发展要求,可对相应设施规模做适当调整。如站前广场,为满足现代化、舒适、以人为本等要求,现站前广场在原有作为乘客和行包的集散点的基础上,还应满足空间相对开阔等要求,因此一般站前广场的量化依据会在原有计算基础上适量增加。候车厅的计算,则因站内各设备如候车休息设备等也会占据一定的面积,在规划设计过程中亦可结合客观需求适当扩大计算标准。

2. 常规公交枢纽的规模

常规公交客运交通枢纽由首末站和中间站两部分构成,其主要设施为停车场。所以,常规公交枢纽的规模主要计算常规公交停车场的占地面积。

在大型客运交通枢纽内,由于客流量较大,公交具有较强的集散能力,其运量大,所以枢纽内一般都设置公交首末站。一般客运交通枢纽内公交首末站比较简易,只需设置停车场,公交首末站的停车场要求保证在其内部所设置的每条公交线路正常输送乘客所需要的停车面积。公交首末站停车场的规模量化方法主要参照《城市道路公共交通站、场、厂工程设计规范》(CJJ/T 15—2011)。其规模的计算公式如下:

$$S_{首末站} = \sum_{i=1}^{k} b_i \cdot S_{标车} \tag{4-5-2}$$

式中：$S_{首末站}$——常规公交首末站规模（占地面积）（m^2）；

k——将枢纽作为始发站公交线路的条数；

b_i——计算第 i 条公交线路在首末站设置停车场面积时应考虑的公交车辆数（标台），该参数一般取第 i 条公交线路在高峰小时段公交车辆数的 60%；

$S_{标车}$——每标台车所需在首末站设置的停车面积，通常取 $100m^2$/标车。

常规公交中间站规模的计算主要采用时空消耗理论，时空消耗是指交通个体（人或车）一定时间内占有的空间或一定的空间上使用的时间，单位是 $m^2 \cdot h$/人 或者 $m^2 \cdot h$/车。常规公交在中间站停靠的时空消耗为常规公交在中间站停靠的空间和停靠时间的乘积，根据公交车辆在中间站的时空消耗等于中间站的广义容量（为中间站的面积与其使用时间的乘积），可以得到：

$$S_{中间站} \cdot T \cdot \eta = \sum_{i=1}^{l} f_i \cdot S_{bus} \cdot t_{bus} \tag{4-5-3}$$

常规公交中间站规模的计算公式为：

$$S_{中间站} = \frac{\sum_{i=1}^{l} f_i \cdot S_{bus} \cdot t_{bus}}{T \cdot \eta} \tag{4-5-4}$$

式中：$S_{中间站}$——常规公交中间站规模（m^2）；

l——中间站停靠的公交线路条数；

f_i——第 i 条公交线路在高峰小时发送的车辆数，一般在 12 辆左右；

S_{bus}——常规公交停靠时的平均占地面积；

t_{bus}——常规公交在中间站的停靠时间，包括上、下车的时间以及车辆启动的时间等，通常取 $1 \sim 2 min$；

T——高峰小时，$60 min$；

η——高峰小时常规公交中间停靠站的利用率，通常取 $0.6 \sim 0.8$。

常规公交站规模为首末站和中间站所需停车场规模之和，一般中间站设在临近城市道路的站前广场的部分，而首末站设置在客运交通枢纽内部停车场内。

$$S_{公交} = S_{首末站} + S_{中间站} = \sum_{i=1}^{k} b_i \cdot S_{标车} + \frac{\sum_{i=1}^{l} f_i \cdot S_{bus} \cdot t_{bus}}{T \cdot \eta} \tag{4-5-5}$$

3. 出租车停车场的规模

出租车停车场主要供出租车集散乘客短暂停留所用，其周转率一般较高，且进入停车场的出租车数量与进入停车场的候车乘客有关。

客运交通枢纽内出租车停车场规模确定的公式为：

$$S_{taxi} = \frac{\beta \cdot N_{taxi} \cdot s_{taxi}}{P_{taxi} \cdot \lambda_1} \tag{4-5-6}$$

式中：S_{taxi}——枢纽内需设置出租车停车场的规模（占地面积）（m^2）；

N_{taxi}——利用出租车在高峰小时内到达和离开枢纽的客流量（人/h）；

P_{taxi}——出租车的平均实载数（人/辆）；

s_{taxi}——每辆出租车所需停车面积(m^2),通常取 $25\sim30m^2$/小汽车;

β——出租车在达到枢纽时,选择进入停车场运载乘客的比例,一般在 0.5~0.8 之间取值;

λ_1——出租车停车场的周转率。

4. 社会停车场的规模

社会小型车规模与高峰小时小型车的平均载客数、每辆车停靠所需的面积、社会小型车停车换乘的客流量及停车场的周转率等相关。具体计算公式为:

$$S_P = \frac{N_P \overline{S}_P}{P_P \lambda_2} \tag{4-5-7}$$

式中:N_P——高峰小时内利用社会小型车到达和离开枢纽的客流量(人/h);

$\overline{S}_P$——社会小型车的平均停车面积(m^2),通常取 $25\sim30m^2$/小汽车;

P_P——社会小型车的平均载客数(人/辆);

λ_2——社会小型车停车场的周转率。

5. 自行车停车场规模

自行车停车场规模的计算方法与机动车停车场规模的计算方法类似,主要考虑的因素为到达客运交通枢纽的自行车车辆数、每辆自行车停车占地面积以及自行车停车场的周转率。按停车周转率为 λ_{bic} 计算,则所需出租车停车规模具体计算如下:

$$S_{bic} = \frac{V_{bik}}{\lambda_{bic}} \overline{S}_{bic} \tag{4-5-8}$$

式中:S_{bic}——自行车在客运交通枢纽内停车换乘所需的规模(m^2);

V_{bik}——自行车停车场周转率;

$\overline{S}_{bic}$——每辆自行车所需停车面积(m^2)。

6. 车辆在客运交通枢纽内行驶所需的规模

车辆在客运交通枢纽内行驶所需的规模主要是指常规公交、小汽车、自行车、出租车等在枢纽内行驶所需的规模,此时,仍采用时空消耗理论和设施的广义容量确定,其公式为:

$$S = \frac{\frac{N_{bus}}{P_{bus}} \times S_{bus2} \times \frac{L_{bus}}{V_{bus}} + \frac{N_{car}}{P_{car}} \times S_{car2} \times \frac{L_{car}}{V_{car}} + \frac{N_{taxi}}{P_{taxi}} \times S_{taxi2} \times \frac{L_{taxi}}{V_{taxi}} + \frac{N_{bike}}{P_{bike}} \times S_{bike2} \times \frac{L_{bike}}{V_{bike}}}{3600} \tag{4-5-9}$$

式中:S——车辆在枢纽内行驶所需的规模(m^2);

N_{bus}——高峰小时乘常规公交到达或离开枢纽的客流量(人/h);

P_{bus}——常规公交的平均载客量(人/辆);

S_{bus2}——常规公交行驶时所占用的动态空间(m^2/辆);

L_{bus}——常规公交在枢纽内行驶的平均距离;

V_{bus}——常规公交在枢纽内行驶的平均速度;

N_{car}——高峰小时乘小汽车到达或离开枢纽的客流量(人/h);

P_{car}——小汽车的平均载客量(人/辆);

S_{car2}——小汽车行驶时所占用的动态空间(m^2/辆);

L_{car}——小汽车在枢纽内行驶的平均距离;

V_{car}——小汽车在枢纽内行驶的平均速度;

N_{taxi}——高峰小时乘出租车到达或离开枢纽的客流量(人/h);

P_{taxi}——出租车的平均载客量(人/辆);

S_{taxi2}——出租车行驶时所占用的动态空间(m²/辆);

L_{taxi}——出租车在枢纽内行驶的平均距离;

V_{taxi}——出租车在枢纽内行驶的平均速度;

N_{bike}——高峰小时骑自行车到达或离开枢纽的客流量(人/h);

P_{bike}——自行车的平均载客量(人/辆);

S_{bike2}——自行车行驶时所占用的动态空间(m²/辆);

L_{bike}——自行车在枢纽内行驶的平均距离;

V_{bike}——自行车在枢纽内行驶的平均速度。

四、集散类设施规模分析

集散类设施主要是指为需在客运交通枢纽内步行的乘客而设置的服务设施。包括集散客流在客运交通枢纽内步行所需的规模和换乘客流在客运交通枢纽内步行所需的规模。

1. 集散客流在客运交通枢纽内步行所需的规模

集散客流是指通过步行方式到达客运交通枢纽或者是通过步行方式离开枢纽的客流。集散客流从进入枢纽是通过步行到达枢纽内的换乘点,所以在规划和设计过程中,需要提供为集散客流在枢纽内步行所需的设施,对于该部分规模,采用行人时空消耗理论以及设施的广义容量来确定。两者的关系为:

$$C_m Q_{集散} = S_{集散} \cdot T \qquad (4\text{-}5\text{-}10)$$

集散客流在客运交通枢纽内步行所需规模的计算公式为:

$$S_{集散} = \frac{C_m Q_{集散}}{3600} = s_w \frac{L_1}{V_M} \cdot \frac{Q_{集散}}{3600} \qquad (4\text{-}5\text{-}11)$$

以上式中:C_m——枢纽内行人的平均时空消耗;

s_w——行人所需要的动态个人空间(m²);

L_1——每一集散客流在枢纽内的步行距离(m),一般取 250~500m;

V_M——步行的平均速度(m/s);

$Q_{集散}$——客运交通枢纽高峰小时集散客流量(人/h);

$S_{集散}$——集散客流在枢纽内步行所需要的规模(m²);

T——步行设施的使用时间(s)。

2. 换乘客流在客运交通枢纽内步行所需的规模

换乘客流指那些由于需在客运交通枢纽内实现除步行以外不同交通方式之间的换乘到达或离开枢纽而产生的客流量。换乘客流在枢纽内需要通过步行从一种交通方式的站台到达另一种交通方式的站台,或者是同一种交通方式的不同线路间的转换,这就需要客运交通枢纽为换乘客流提供步行所需的设施,其所需规模计算方法同集散客流在枢纽内步行所需规模的计算方法相同,也是运用行人时空消耗理论以及设施的广义容量来确定,具体为:

$$S_{集散} = \frac{C_m Q_{集散}}{T} = s_w \frac{L_1}{V_M} \cdot \frac{Q_{集散}}{T} \qquad (4\text{-}5\text{-}12)$$

式中：C_m——枢纽内行人的平均时空消耗；

s_w——行人所需要的动态个人空间(m^2)；

L_1——每一集散客流在枢纽内的步行距离(m)，一般取 250～500m；

V_M——步行的平均速度(m/s)；

$Q_{集散}$——客运交通枢纽高峰小时集散客流量(人/h)；

$S_{集散}$——集散客流在枢纽内步行所需要的规模(m^2)；

T——步行设施的使用时间，本文计算时间为高峰小时，即 3600s。

$$S_{换乘} = \frac{C_m Q_m}{3600} = s_w \frac{L_2}{V_M} \cdot \frac{Q_{换乘}}{3600} \tag{4-5-13}$$

式中：C_m——枢纽内行人的平均时空消耗；

s_w——行人所需要的动态个人空间(m^2)，取 1.2～2m^2/人；

L_2——每一集散客流在枢纽内的步行距离(m)，一般取 200～300m；

V_M——步行的平均速度(m/s)，取 1.0 m/s；

$Q_{换乘}$——客运交通枢纽高峰小时换乘客流量(人/h)；

$S_{换乘}$——换乘客流在枢纽内步行所需要的规模(m^2)。

3. 各类辅助服务设施的规模

各种辅助服务设施主要指餐饮购物、休闲娱乐、文化设施等。该类设施规模没有具体的量化方法，可结合当地经济发展状况、城市规划及客运交通枢纽布局等进行规划设计，确定相应规模。

第六节 客运交通枢纽的布局选址

客运交通枢纽的选址合理与否决定了整个城市公交交通系统甚至是综合交通系统运作的效果。因此，对枢纽选址的研究，应该在明确科学的布局选址原则的基础上，认真地分析影响枢纽选址布局的各项因素，选择合理适用的布局选址方法，从而确定出枢纽的合理布局位置。

一、客运交通枢纽的布局选址影响因素

客运交通枢纽的形成与发展是多种条件共同作用的结果，枢纽选址规划主要影响因素与枢纽在城市中地位和所起的作用密切相关。枢纽选址规划模型的影响因素主要包括"自身特性相关"和"城市条件相关"两大方面。

1. 城市层指标

从城市条件的角度，对枢纽的布局选址的影响因素主要包括城市总体规划、城市规模及其发展形态、城市经济基础及未来发展情况、人口分布及土地利用的布局形态、客流集散点的规模和等级、道路网结构、城市地形、地质及水文等自然条件、城市历史、人文条件、商业战略、政治因素等方面。

（1）城市总体规划布局与土地使用状况

客运交通枢纽是城市总体规划的一部分，城市的总体规划决定城市的性质、功能分区、城

市建设目标及经济发展方向等,因此也直接影响着枢纽的数量、规模等定位。反过来,枢纽的建设也同时对周边的商业地区经济发展提供条件。因此客运交通枢纽布局规划应与城市总体规划密切结合,并充分考虑城市未来的发展方向、布局形态和用地性质。

(2)城市的规模及其发展形态

城市的规模是决定公共交通需求的一个重要因素,它与城市布局共同决定了客运交通枢纽的数量和基本位置。城市的发展形态也是影响枢纽布局与选址的重要因素之一,城市的空间扩展有两大趋势:一是城市由同心圆环状向外扩展模式转变为沿轴向发展模式;二是城市由单中心发展模式转向多中心发展模式。城市的空间扩展趋势不同,客运交通枢纽的布局也各不相同,城市发展的导向性作用决定了客运网络的发展方向,间接地决定了枢纽的选址。

(3)区域经济发展水平

经济因素对客运需求影响较大,而客运需求是客运交通枢纽选址规模的重要指标之一。与此同时,枢纽是城市及交通网络的一部分,枢纽的规划和建设,会一定程度上影响到区域的经济布局,同时也会促使交通运输需求发生改变。因此,枢纽布局选址必须充分结合城市的总体规划,合理分析城市、区域的经济发展水平,确定枢纽在整个城市发展中的定位,做到将城市或区域中的商业、办公等经济发展要素与枢纽的有机组合,各部分之间建立起一种相互依存、相互助益的能动关系。

2. 客运交通枢纽外部指标

(1)客流量

客流的分布与规模是枢纽规划的重要依据,人口聚集的区域客流量较大,出行次数就会越多,因此枢纽应该布置在人口聚集、客流集散强度大的地点,最大限度地发挥枢纽的服务范围。客流量的大小是确定客运交通枢纽规模、功能与布局的主要依据。

(2)道路交通网络结构

枢纽的正常运转离不开相关道路交通网络的支持。客运交通枢纽的布局规划应为乘客提供最佳交通线路的选择机会,实现乘客换乘时间最少、车辆无效停滞时间最短的目标。在城市交通系统中,与枢纽相衔接的交通方式越多,产生换乘客流的可能性就越大,如果交通网络规划中出现新线的建设,必然会导致有关线路的部分交通流改变运行路径,从而对枢纽在交通网络上的作用产生巨大的影响。因此道路交通网络结构是枢纽布局的重要影响因素之一。

(3)地形地质等自然条件

自然条件对枢纽布局选址有较大影响,在客运交通枢纽建设和设计时要考虑所处区域地形地质及水文条件的影响;另外,自然条件还会影响到枢纽的建设投资、运输能力以及建成后的运输成本和运营费用支出,在选址时应尽量选择地形地势及地质条件比较好的地方,以方便设计与建设。

(4)历史、人文条件等其他因素

名胜古迹、旅游胜地对枢纽布局也会产生较大影响。客运交通枢纽的选址必须遵守国家对历史文物、自然风景区等方面的保护性法规,当枢纽的规划选址与此类法规相抵触时,必须避让;在保密单位及高级外事部门附近,不宜设置枢纽。另外,政治因素对枢纽选址也有一定的影响。

3. 客运交通枢纽内部指标

(1) 内部交通方式

客运交通枢纽内部一定是多种交通方式并存的,且在相当长时间内各类接入的交通方式所带来的影响可以被视为既定不变的,不同交通方式在可达性、便捷性、舒适性和安全性等方面均会对出行者的出行心理和换乘选择产生较大影响。因此在客运交通枢纽规划选址过程中,要充分考虑各种交通方式的相互协调,通过完善枢纽内部交通方式来保证换乘的连续性、通畅性、紧凑性。

(2) 客运交通枢纽的设计规模和等级

不同规模和等级的客运交通枢纽在城市中的地位、在交通体系中的作用、对公交线路的影响、所承担的客流量以及选址的区域均不相同,选址必须考虑枢纽所承担的客流强度、流向分布和换乘强度等因素。

(3) 客运交通枢纽内部商业设施

客运交通枢纽往往是集众多功能于一体的综合性建筑,便利的交通和大量的客流量为枢纽带来了巨大的商业价值。商业设施的开发有利于回收一部分资金,并在一定程度上提高经济效益,但商业设施在枢纽内部的布置形式必将对乘客换乘距离和换乘时间产生影响。所以,在客运交通枢纽规划选址过程中应充分考虑商业设施的客流量及客流组织与其交通功能的适应与协调,同时注意客运交通枢纽商业功能与其选址区域商业设施的结合。

二、客运交通枢纽的布局选址方法

客运交通流的组成要素是单一的,在运输环节上主要是以人的空间位移为主。客运交通枢纽的合理布局应当以整个运输系统和社会的经济效益为目标,利用系统工程的理论和方法,综合考虑交通发生吸引源分布情况、交通运输条件、自然环境等因素,对客运交通枢纽的数量、地理位置、规模以及与其他枢纽的相互关系进行优化和调整。客运交通枢纽的选址是城市公共交通系统规划中的重要组成部分,由于客运交通枢纽的选址往往被作为一个节点规划问题,因此很多研究将其定义为设施设备的选址问题,将客运交通枢纽的布局独立于交通网络的规划之外单独开展。由此导致了客运交通枢纽的布局设计参数常常是静态的、固定的,忽略了枢纽与其所处网络之间的互动关系。因此,应当从科学的角度出发,合理地思考研究,确定出最佳的选址方案。

在交通枢纽布局规划中,设施数目、位置标定和客运交通枢纽规模等都是需要解决的问题。20 世纪 90 年代以来,交通领域的学者们开始注意到枢纽规划中的这些问题,逐渐尝试把交通规划、交通流理论应用到枢纽的数量与布局计算中,力图反映枢纽所在区域交通网络的动态变化特征,从枢纽的运转机理和枢纽与交通网络之间的动态关系入手,把交通规划的四阶段理论与物流学的物流网点选址模型相结合,运用运筹学的方法,对客运交通枢纽场站布局规划模型和新方法进行探索和研究。

整体上看,客运交通枢纽规划布局基础理论方法按照其发展历程大致分为三种类型:重心法、微分法、效益成本法。

1. 重心法

重心法作为静态的模拟选址方法,是数学理论方法的一种。这种方法将运输系统中的运输发生点和吸引点看成是分布在某一平面范围内的物体系统,各点的交通发生、吸引量分别看成该点的重量,物体系统的重心就是场站与客运交通枢纽设置的最佳点,用求各点重心的方法来确定枢纽的最佳位置。其数学模型如下:

设规划区域内有 n 个运输发生点和吸引点,各点的发生量和吸引量分别为 $\omega_j(j=1,2,\cdots,n)$,坐标为 (x_i,y_i)。规划设置的枢纽坐标为 (x,y),枢纽系统的运输费率为 c_j。根据平面物体求重心的方法,枢纽最佳位置的计算公式为:

$$\begin{cases} x = \dfrac{\sum\limits_{j=1}^{n}\omega_j c_j x_j}{\sum\limits_{j=1}^{n}\omega_j c_j} \\ y = \dfrac{\sum\limits_{j=1}^{n}\omega_j c_j y_j}{\sum\limits_{j=1}^{n}\omega_j c_j} \end{cases} \tag{4-6-1}$$

重心法的特点是简单,但它将纵向和横向坐标视为独立的变量,与实际交通系统的情况相去甚远,求出的解往往是不精确的,只能作为客运交通枢纽布局的初步参考。

2. 微分法

微分法是为了克服重心法的缺点而提出的。它的前提条件、模型中符号的含义与重心法相同。微分法的基本思路是:选择一个到各点的发生量、吸引量出行费用总和最小的点。它作为客运交通枢纽的最佳位。

运输系统的总费用 T 设为:

$$T = \sum_{j=1}^{n}\omega_j c_j \sqrt{(x-x_j)^2 + (y-y_j)^2} \tag{4-6-2}$$

要求得一点坐标 (x,y) 到各发生点、吸引点的总出行费用最低,就应当分别令 T 对 x 和 y 的偏微分为零,得到新的极值点,求解公式为:

$$\begin{cases} x = \dfrac{\sum\limits_{j=1}^{n}\omega_j c_j x_j / [(x-x_j)^2 + (y-y_j)^2]}{\sum\limits_{j=1}^{n}\omega_j c_j / [(x-x_j)^2 + (y-y_j)^2]} \\ y = \dfrac{\sum\limits_{j=1}^{n}\omega_j c_j y_j / [(x-x_j)^2 + (y-y_j)^2]}{\sum\limits_{j=1}^{n}\omega_j c_j / [(x-x_j)^2 + (y-y_j)^2]} \end{cases} \tag{4-6-3}$$

求解步骤如下:

(1) 用重心法求得初始坐标 (x_0, y_0)。

$$\begin{cases} x_0 = \dfrac{\sum\limits_{j=1}^{n}\omega_j c_j x_j}{\sum\limits_{j=1}^{n}\omega_j c_j} \\ y_0 = \dfrac{\sum\limits_{j=1}^{n}\omega_j c_j y_j}{\sum\limits_{j=1}^{n}\omega_j c_j} \end{cases}$$

(2) 根据上一步骤求得的 (x_0, y_0),求出修正的 (x_1, y_1)。

(3)重复步骤(2),直到计算出的(x_1,y_1)小于理想的精确度。

(4)根据最后修正得到的(x_1,y_1)计算客运交通枢纽系统的出行总费用。

微分法需要以重心法的结果为初始解,不断迭代,直到前后两次的误差不超过设定的范围,从而得到最佳结果。虽然这种方法可以从数学上给出客运交通枢纽的具体位置,但是这个结果仅是数学解,还需要得到其数到实际运输系统中进行定性的分析和调整。

3. 效益成本法

使用效益成本分析法的前提是:采用一定的客运交通枢纽选址模型,为一个枢纽的位置提供选择集,以运输系统的总成本最小为目标,通过简单的财务计算,经过比较选择出最佳位置。

效益成本法假设有 n 个客流发生源,其发生量分别为 n,而且用一定的选址模型已经获得 $B_j(j=1,2,\cdots,n)$ 个待选枢纽位置 b_j,每个枢纽的建设、运营成本分别为 $\min F' = \sum_{k=1}^{q}\sum_{j=1}^{n}G_{kj}X_{kj}$。假设单位运费相同且有 $\sum_{j=1}^{n}X_{kj} \leq d_k$,其余运输条件相同。各交通发生点到枢纽的距离用矩阵 $(k=1,2,\cdots,q)$ 表示,其中 G_{kj} 为备选枢纽点 k 到交通吸引点 j 的单位费用,X_{kj} 为备选枢纽点 k 到交通吸引点 j 的交通量。

则每个待选站点的总费用为:

$$\sum_{j=1}^{n}X_{kj} \leq d_k \tag{4-6-4}$$

计算出每个枢纽选址的总费用,选择出总运输成本最小的点作为最佳的客运交通枢纽选址。

上面提到的3种方法简单易行,在研究客运交通枢纽选址方法的早期得到了广泛的应用,但是由于这些方法是用简化和抽象的数学模型模拟客运交通枢纽运行机制,在实际应用中具有以下缺点:

(1)求解的过程中都是以静态的总费用最小为优化目标,运输费率为固定位,既没有考虑实际的路网结构,也没有考虑客流在道路上运行互相交织混杂对路网交通流分配结果的影响。实际上,路网上每个路段的流量不同,其运行时间、运输费用也不相同,单一的费率无法反映客运交通枢纽运转的实际情况。

(2)重心法和微分法为纯粹的数学解析方法,他们求解采用的距离是平面上的几何距离,而实际的运输网络并非如此,往往会导致求出的所谓数学解没有实际意义,结果只能为下一步的分析提供粗略的初始解。

(3)效益成本法实际上只是一种简单的场地选址成本比较法,除了具有上述费用计算的不足之处,由于它必须先得到一个待选站点集合,又面临如何合理划分客运交通枢纽所在区域的客流服务分区,如何得到待选站点初始解等问题。

此外,客运交通枢纽的规划选址可按照确定型客运交通枢纽和待定型客运交通枢纽两类考虑。

4. 确定型客运交通枢纽选址方法

某些客运交通枢纽是随着城市的发展和总体规划布局而自然形成的。这类只要城市总体规划得到批准,选址即被固定下来的客运交通枢纽被称为确定型枢纽。其位置一般在以下三类地点:

(1)城市出入口。随着经济发展,城市的中心作用日益突出,对周边区域的吸引和辐射范围越来越大。而作为城市内外联系的门户,城市出入口的优势是否得以充分发挥,对城市发展发挥着关键性作用。作为对外承接周边乘客到达,对内衔接城市公共交通系统的客运交通枢纽,是城市出入口能否发挥作用的重要依托。在火车站、机场、港口码头、长途汽车站等地点均应布设客运交通枢纽。以北京为例,首都机场、北京西站、北京南站、六里桥长途客运站等均为位于城市出入口的确定型客运交通枢纽。

(2)郊区或卫星城镇的区域交通中心。这些地点的优势在于他们是进出主城区客流的吸引点和换乘点,其交通分布特性明显,客流转换量集中,故在这些区域交通中心也应考虑设客运交通枢纽。

(3)特定地点。为了满足日益提高的城市人民的文化、娱乐生活要求,城市内部通常会建设公园、剧院、购物广场、体育场馆等大型公共设施。这些地点的短时间内的客流集散量较大,疏解不利易导致局部交通拥堵,可以考虑在此类地点布设客运交通枢纽。

5. 待定型客运交通枢纽选址方法

除了确定型客运交通枢纽之外的枢纽被称作待定型客运交通枢纽。待定型客运交通枢纽的选址是通过大量的计算比对得出客流集散、换乘量大的地点结论,以此确定枢纽的建设位置。从宏观角度看,客运交通枢纽构成要素包括节点、线路和网络。节点是枢纽系统功能作业的空间聚集场所;线路是枢纽为了保证乘客的空间位移必需的基础设施;而网络是指各个不同层次的枢纽的节点和线路共同组成的通道。待定型客运交通枢纽可以通过节点流量法进行合理选址布局。

(1)选址算法的基础

城市客运交通枢纽,要求所衔接的公交线路四通八达,以保证乘客换乘便捷,而公共交通对路网的依附性决定了枢纽选址必然位于路网的节点附近。因此客运交通枢纽的选址问题,在某种程度上会转变成选择道路网的节点问题。各个节点均为周围用地交通生成量和交通吸引量的集中点,有一定的出行量,各个节点之间亦有交通往来的需求。两点之间的交通联系,按最短路线进行。这里的最短路线是广义上的最短路线,可能是距离最短,也可能是行程时间最少,或者费用最省。在各个节点的来往过程中,经过次数最多的节点,则说明该节点对周围节点的交通流具有较强的吸引力,其道路条件和交通条件俱佳,同时该节点也位于多对节点连接的最短路上。这种节点则应该是布设客运交通枢纽的最佳位置。

(2)假设条件

为了简化算法,建立以下三个假设:假设各节点集中了相应数量的出行量和吸引量;假设各节点具有同样的交通需求;假设计算图式代表了城市的交通特性。

第一点是假设各节点集中了相应数量的出行量和吸引量。各个节点均为周围用地与行人交通生成量和吸收量的集中点,所以都会有相应数量的出行量和吸引量。

第二点是假设各个节点具有同样的交通需求。在实际路网中,若各节点所在的城市用地性质相同、道路网分布合理且密度相同、各区人口密度相同,则各节点集中的出行量大致相等,可认为各节点有相同的交通需求。然而,城市用地性质有多种,各分区的道路密度不一样。一般说来,市中心区的密度大,城市边缘区密度小,各节点产生的交通量和吸引的交通量各不相同,相差甚大。为了简化算法,在节点交通需求假设中只考虑通过各节点的次数,未考虑通过各节点的交通量大小。

第三点是假设计算图式代表了城市的交通特征。路网的规模和范围对计算结果至关重要。选定的计算范围、简化的路网基本上能够代表城市的交通特征。因此,简化的路网以完整的环路为边界最理想。如无环路,可借助天然屏障或者人工阻碍。若一个城市被铁路或江河一分为二,则可根据交通特征,把城市简化成两个路网计算。简化后的路网只包括城市研究范围内的快速路、主干路和次干路。节点间连线弧表示交叉口间的道路路段,连线上的费用以时间表示。

(3) 客运交通枢纽选址算法

根据简化的路网,依次寻找节点与节点之间的最短路径,并且记录下每条路径所经过的所有节点号,累计记录各节点经过的次数,并累计记录各节点按照最短路流动经过的次数 $E_1(I)$,探索所有节点,即 $I = 1, 2, 3, \cdots, N$,得到最短路径矩阵 D。在较大的网络中,两个节点间的最短路径和次短路径相差无几,而且人们对于出行过程中的几分钟的变化感觉并不明显。因此,出行的路线不一定是最短路径,也有可能是次短路径。于是同时计算次短路径,并统计按次短路径流动时,经过各节点的次数,记为 $E_2(I)$。

(4) 判断设置客运交通枢纽的节点

以上述计算过程统计出来的节点通过次数数据,计算规划枢纽入选指数 A_1 和现状枢纽入选指数 A_2,作为判断节点入选设置客运交通枢纽的标准。

通过以下公式计算上述节点 I 的两个指数:

$$A_1、A_2 = \frac{E_1(I) + E_2(I)}{2N(N-1)} \tag{4-6-5}$$

式中:E_1——最短路径经过节点 I 的次数之和;
E_2——次短路径经过节点 I 的次数之和;
N——整个路网节点数(计算 A_1 时);出行量大的节点数(计算 A_2 时)。

其中计算 A_1 时 N 为整个路网节点数,计算 A_2 时 N 为出行量大的节点数,选取的标准是节点重要位置,其出行量超过某一数量。

计算得出两个指数的值后,与客运交通枢纽入选指数标准对比,这个标准视具体城市而定,一般取用 0.2。

(5) 综合决策

以规划枢纽入选指数及现状枢纽入选指数两个定量指标确定的客运交通枢纽地址只是选定了枢纽布局的范围。由于客运交通枢纽规划与设计要考虑很多因素,还需进一步的综合分析、判断,才可以做出枢纽实际位置的最后决策。在进行综合分析时,一般需要考虑以下四方面因素,第一是城市总体规划与城市道路网络规划;第二是客流起讫点现状以及预测得出的数据;第三是城市上位规划,如公共客运规划等,包括公共汽车客运的发展规划与要求,轨道交通远近发展规划;第四是入选点附近的用地性质规划以及周边环境条件。

综合以上的步骤即可确定待定型客运交通枢纽选址,结合确定型客运交通枢纽即构成了城市客运交通枢纽的总数和枢纽具体选址位置。

【案例分析】

(1) 设规划区域内有 5 个交通发生点(吸引点),各点的坐标位置、发生量(吸引量)以及出行费率如表 4-6-1 所示,试确定需设置客运交通枢纽的坐标。

(2) 以重心法求解所得的客运交通枢纽的位置坐标作为初始解,求根据公式总出行费用最小的客运交通枢纽的位置。

交通发生点的坐标、发生量和出行费率　　　　　　　　　　表4-6-1

交通发生点（吸引点）	发生量(吸引量)ω_j（人）	出行费率c_j（美元/人·mile）	坐标 x_i	坐标 y_j
1	2000	0.050	3	8
2	3000	0.050	8	2
3	2500	0.075	2	5
4	1000	0.075	6	4
5	1500	0.075	8	8

解:(1)利用式(4-6-1)运用重心法来确定设置客运交通枢纽的位置。具体求解过程用表4-6-2来表示。

求解过程　　　　　　　　　　表4-6-2

j	x_i	y_j	ω_j	c_j	$\omega_j c_j$	$\omega_j c_j x_i$	$\omega_j c_j y_j$
1	3	8	2000	0.050	100.00	300.00	800.00
2	8	2	3000	0.050	150.00	1200.00	300.00
3	2	5	2500	0.075	187.50	375.00	937.00
4	6	4	1000	0.075	75.00	450.00	300.00
5	8	8	1500	0.075	112.50	900.00	900.00
合计					625.00	3225.00	3237.50

由表4-6-2可以得出设置客运交通枢纽的位置坐标为:

$x = 3225.00 \div 625 = 5.16$

$y = 3227.00 \div 625 = 5.18$

(2)这里不妨令$d_j = [(x-x_j)^2 + (y-y_j)^2]^{1/2}$,利用(1)的结果作为初始解,根据公式来求解表4-6-3中的方程,可以得出第一次迭代的位置坐标。

求解过程　　　　　　　　　　表4-6-3

j	$\omega_j c_j$	$\omega_j c_j x_i$	$\omega_j c_j y_j$	d_j	$\omega_j c_j / d_j$	$\omega_j c_j x_i / d_j$	$\omega_j c_j y_j / d_j$
1	100.00	300.00	800.00	3.552	2815	8.446	22.523
2	150.00	1200.00	300.00	4.263	3519	28.149	7.037
3	187.50	375.00	937.00	3.165	5924	11.848	29.621
4	75.00	450.00	300.00	1.448	5180	31.077	20.718
5	112.50	900.00	900.00	4.002	2811	22.489	22.489
合计					20.249	102.009	102.388

则修正后的坐标为:

$x = 102.009 \div 20.249 = 5.038$

$y = 102.388 \div 20.249 = 5.057$

此时的总成本为21431美元。若利用计算机相关软件,可以实现更多的迭代过程,当总成本不再下降即获得总成本最低的客运交通枢纽选址位置。本例题的迭代过程如表4-6-4所示。

迭代过程   表4-6-4

迭代次数	x 坐标	y 坐标	总成本(美元)
0	5160	5180	21471.00
1	5038	5057	21431.22
2	4990	5031	21427.11
3	4996	5032	21426.14
4	4951	5037	21425.69
5	4940	5042	21425.44
6	4932	5046	21425.44
7	4927	5049	21425.30
8	4922	5051	21425.19
9	4919	5053	21425.16
10	4917	5054	21425.15
11	4915	5055	21425.14
…	…	…	…
100	4910	5058	21425.14

总成本在第11次迭代以后就不再下降。因此此时的坐标位置就是使得总成本最低的客运交通枢纽选址坐标位置(4.910,5.058)。

第七节 客运交通枢纽的布局选址优化

一、考虑经济因素优化客运交通枢纽布局的方法

通常情况下,客运交通枢纽布局是一项政策性很强的综合工作,在布局过程中还必须考虑许多定性因素,然而,这些定性因素的标志和特征很难定量描述,无法同定量因素直接比较。为了解决这个问题,可以采用优度的概念来分别表示客运交通枢纽地址的两类因素在所有备选地址中的相对优劣程度。显然,优度的最小值为0,表示该因素可以不予考虑;优度最大值为1,表示该因素相对而言具有100%的优点。因此,选址计算时,应求出各备选地址两类因素优度的加权和,选其中加权值最大的地址作为客运交通枢纽最佳的布局方案。

主要的参数变量有:

A_{Ek}——第 k 个地址定量因素的优度;

A_{Nk}——第 k 个地址定性因素的优度;

α——定量因素 AE 的权重,$0 \leqslant \alpha \leqslant 1$;

T——客运交通枢纽建设工期(年);

f_t——第 t 年改、扩建或新建客运交通枢纽投资的年利率;

I——改、扩建或新建客运交通枢纽投资的年利率;
R_t——客运交通枢纽第 t 年的单位流通量的收益;
M_{kt}——客运交通枢纽第 t 年的流通量;
N——客运交通枢纽经济寿命(年);
D——经济寿命期终了时的客运交通枢纽残值;
P_0——改、扩建或新建投资的等价现值:

$$P_0 = \sum_{i=1}^{t} \frac{f_t}{(1+i)^t} \tag{4-7-1}$$

P_1 为客运交通枢纽在经济寿命期内总收益的等价现值:

$$P_1 = \sum_{t=1}^{T+n} \frac{R_t M_{kt}}{(1+i)^t} + \frac{d}{(1+i)^{T+n}} - P_0 \tag{4-7-2}$$

式中:P_1——表征该客运交通枢纽地址诸多定量因素综合优点的一个绝对尺度。

因此,在 n 个备选客运交通枢纽地址中,第 k 个客运交通枢纽地址的定量因素优度可构造为:

$$P_{Ek} = \frac{P_{0k}}{\sum_{k=1}^{m} P_{0k}} \tag{4-7-3}$$

且

$$\sum_{k=1}^{m} A_{Ek} = 1 \tag{4-7-4}$$

定性因素优度 A_{Nk} 可按以下方法确定。根据各定性因素的相对重要性,应用专家意见法,在 N 个定性因素中,给第 j 个因素以适当的权重 r_j,并使 r_j 归一化,即:

$$\sum_{j=1}^{m} r_j = 1 \tag{4-7-5}$$

在 m 个备选客运交通枢纽地址中,给予第 k 个地址的第 j 个定性因素以适当的分值 S_{kj},表示该因素在 m 个客运交通枢纽地址中的相对优劣程度,并使 S_{kj} 归一化,即:

$$S_{kj} = 1 \tag{4-7-6}$$

则

$$A_{Nk} = \sum_{k=1}^{m} r_j S_{kj} = 1 \quad (j = 1, 2, \cdots, N) \tag{4-7-7}$$

因此,考虑定性因素的客运交通枢纽选址模型可描述为:

$$\max = \alpha \frac{P_{0k}}{\sum_{k=1}^{m} P_{0k}} + (1-\alpha) \sum_{k=1}^{m} r_j S_{kj} \tag{4-7-8}$$

客运交通枢纽最佳地址应是综合定性因素保持最佳的地址。

显然,若 $\alpha = 1$,即在客运交通枢纽选址中,不考虑难以量化的定性因素,仅以客运交通枢纽地址的定量因素为主,则上述选址模型可简化为:

$$\max = \sum_{t=T+1}^{T+n} \frac{R_t M_{kt}}{1+i} + \frac{d}{(1+i)^{T+n}} - \sum_{i=1}^{T} \frac{F_i}{(1+i)^t} \quad (4\text{-}7\text{-}9)$$

即客运交通枢纽最佳地址是客运交通枢纽总受益最大的地址。

式(4-7-3)适用于在一个运输小区内,用式(4-7-4)、式(4-7-5)求出的两个或两个以上地址的总费用C_{TK}相同或相近,难以取舍时,可进一步考虑定性因素进行比较。式(4-7-7)由于考虑了投资回收效果,可以与单站离散型选址模型并列使用,从而较为全面地确定最优客运交通枢纽地址。

二、考虑交通网路因素的客运交通枢纽布局优化

当前面讨论的客运交通枢纽选址问题都是假设交通网络预先确定并可以保持不变,而实际上,在一个对象区域上新建客运交通枢纽后,由于客运交通枢纽将会产生和吸引大量的客流量和车流量,可能导致枢纽周围的道路变得拥挤,这就是枢纽(选址)对交通网络的反作用。这个反作用将促使市政部门不得不拓宽某些路段或新建路段,从而使交通网络也随之发生变化,此时改进交通道路的费用也应该考虑进来。考虑枢纽对交通网络的反作用的优化问题就是枢纽与网络同时优化的问题。该问题可用以下双层数学规划问题表示。

上层:

$$\min : W(Y,Z) = \sum_{i=1}^{M} \sum_{r=1}^{n} b_{ir} z_{ir} + \sum_{a \in A} x_a t_a(x_{a,}, y) + \sum_{a=1}^{m} g_a(y_a) \quad (4\text{-}7\text{-}10)$$

$$q'_{rs} = q_{rs} + \sum_{i=1}^{M} z_{ir} P_{is} + \sum_{i=1}^{M} \sum_{j=1}^{M} z_{ir} z_{jt} \mu_{ij} \quad (4\text{-}7\text{-}11)$$

$$z_{ir} = 0 \text{ 或 } 1 \quad (1 \leq i \leq M, 1 \leq r \leq K) \quad (4\text{-}7\text{-}12)$$

$$y_a \geq 0 \quad (1 \leq a \leq m) \quad (4\text{-}7\text{-}13)$$

其中,$x=(\cdots,x_0,\cdots)$是下层规划问题的解。

下层:

$$\min : F(X) = \sum_{a \in A} \int_0^{x_a} t_a(w,y) \mathrm{d}w \quad (4\text{-}7\text{-}14)$$

s.t.

$$\sum_k f_k^{rs} = q'_{rs} \quad \forall r,s \quad (4\text{-}7\text{-}15)$$

$$x_a = \sum_{i=1}^{M} \sum_k f_k^{rs} \delta_{a,k}^{rs} \quad \forall a \quad (4\text{-}7\text{-}16)$$

$$f_k^{rs} \geq 0 \quad \forall r,s \quad \forall k \quad (4\text{-}7\text{-}17)$$

其中,$t_a = t_a(x_a, y)$表示基于网络扩容向量$y=(y_1,y_2,\cdots,y_m)$的路段a上的阻抗函数($a \in A$)。

问题的解法,在这里使用 IOA 迭代法。

步骤 1:给交通网络改进变量 y 取初值$y_0 = (0,0,\cdots,0)$,即初始网络为现状网络;令$k=0$。

步骤 2:把y^k代入式(4-7-12)中的第三项为已知常数项,问题就变成了式(4-7-14)所描述的单纯的枢纽选址问题,用算法 3 解之,得解Z^{k-1}。

步骤 3:把Z^{k-1}代入式(4-7-12),式中的第一项为已知的常数项,问题就变成了单纯的网络

设计问题,用相关的算法解之,就可得到终解。

步骤4:检验y^k与y^{k-1}是否有显著差异,若令$k=k+1$,返回第二步;否则,y^{k-1}和Z^{k-1}为所求,输出,停止。

算法结束。

思考题

1. 客运交通枢纽选址有哪些原则?
2. 如何理解客运交通枢纽的吸引范围?吸引范围如何确定?
3. 客运交通枢纽的选址方法有哪几种?主要内容是什么?
4. 客运交通枢纽布局选址优化方法有哪几种?各自的优化原理是什么?

第五章
客运交通枢纽功能布局

随着现代化发展,经济及科学技术的进步,客运交通枢纽已经从单纯的交通功能型向综合功能型转变,由平面式向立体式或混合式转变,枢纽的内部空间布局也变得丰富多彩起来。在一个复杂的枢纽内部,应该有合理的功能分区以及布局,使得枢纽具有较好的识别性,方便乘客的换乘,提高枢纽换乘效率,从而保障枢纽整体效益的发挥。

第一节 设计原则和关键问题

一、功能布局设计原则与要求

为实现高效、舒适和安全的运营,客运交通枢纽功能布局设计过程中应遵循以下原则与要求:

(1)客运交通枢纽布局应服从综合交通系统的规划,从交通网络的全局出发,优先满足各项交通使用功能的要求,同时还要满足城市环境和景观的要求。

(2)要充分强化"枢纽"功能,方便乘客换乘,体现"以人为本,乘客至上"的理念,解决好客运交通枢纽内不同交通设施之间的衔接及客流组织。

(3)枢纽平面与立体布置均要充分体现功能分区合理、交通流线组织简捷、相互干扰最小、使用方便的原则。

(4)合理组织客运交通枢纽内外部车流与人流之间的关系,以及枢纽与外部道路交通系统之间的衔接,使主要客流在枢纽内经路顺直、便捷,主次客流相互干扰降到最低,便于枢纽运营与管理。

(5)交通枢纽的布局,在能力上要留有余地,以适应生活、经济不断发展的要求,同时,也不能造成能力的浪费。

(6)充分保证各种交通方式之间相互协调。各种设施通过能力(或输送能力)相互匹配,各环节作业时间相互协调,保证整个客运交通枢纽的畅通。

二、功能布局设计关键问题

客运交通枢纽功能布局设计实践中,应解决的关键问题包括:

1. 着力解决枢纽外部交通布局

包括确立周边道路同步实施条件,核实枢纽地铁与其他各种交通方式接驳距离是否合理,核实枢纽与周边用地步行系统是否完善。

2. 重点解决枢纽内部交通设施布局

包括核实交通配套设施是否缺乏(如自行车、P+R配套量、过境公交的设置);核实换乘设施是否便利(如自动扶梯、水平自动步道的设置);核实地铁进出站用的检票机布置合理性,是否影响客流的快速疏散;核实换乘引导系统是否完善等。

3. 重点解决枢纽服务设施布局

包括核实换乘服务设施,如老人、儿童、残障人士等相关服务设施是否完备,电梯、电话、厕所、行李寄存、问讯台、失物招领、交通标志等服务设施是否齐全;核实商业设施和信息服务设施是否完备等。

在上述关键问题的解决过程中,应坚持的布局设计原则与理念如表5-1-1所示。

枢纽功能布局关键问题设计原则与理念　　　　表5-1-1

枢纽功能布局关键问题	规划设计原则与理念
总体建筑设计	立体分层布置; 大厅空间整体设计和谐; 与环境搭配和谐; 人文化、人性化设计
外部交通布局	绕行距离最短; 对主干道的干扰最小; 压力分散; 人车相互干扰最小; 替代灵活; 能够实施有效的流量控制策略

续上表

枢纽功能布局关键问题	规划设计原则及理念
内部交通布局	换乘过程连续； 客流过程畅通； 换乘过程舒适和安全； 人流组织系统完整； 车流组织主次分明
服务信息功能	内外导向信息清晰明了； 考虑弱势群体需求，体现人性化设计理念

第二节 客运交通枢纽外部功能布局

一、外部功能与城市功能的协同布局

城市形态是指城市在自然环境、历史、政治经济、社会、科技、文化等因素的影响与互动发展中，所形成的空间形态特征。客运交通枢纽作为居民出行的重要节点，对城市形态的发展演变发挥着至关重要的作用。

1. 客运交通枢纽建设对城市形态的影响

大运量、高速度的新兴交通方式的出现，如轨道交通，促使城市由传统的单核形态向多核形态或散核形态发展，形成以枢纽为联系节点，以大运量交通线路为发展走廊的城市形态，并通过放射状及环状交通线路连接城市各功能区域。

客运交通枢纽建设会促进土地高强度开发，吸引人口和居住用地集聚，带动周边地区经济发展，成为城市建设发展的增长点和开发轴，进而带动城市的定向延伸。特别是大型客运交通枢纽周边土地的高密度综合开发利用，可有效缓解城市中心人口的高度集聚，并有可能形成新的城市景观，甚至发展成为区域中心。

2. 城市形态对客运交通枢纽建设的影响

城市的总体布局形态在很大程度上会影响客运交通枢纽的布局选址。按不同的拓展方式，城市空间形态一般分为：团状城市、带状城市、星形城市和一城多镇等具体形态。对于不同布局形态的城市，客运交通枢纽必须结合城市发展形态的主要特点，对应采取不同的布局模式，以满足城市居民出行需要。

3. 典型城市空间形态下的客运交通枢纽布局模式

（1）团状城市

团状城市是指靠市中心强大的吸引力形成的、布局紧凑、只有唯一中心的城市形态。这种形态的城市四周都存在着引导城市扩展的动力。对于中小型团状城市，由于其人口相对集中，客流集散相对固定，因此客运交通枢纽可建在条件较好的市区或是城市主要发展方向的对外主通道上。

当城市呈现摊大饼式发展，成为大型、特大型团状城市时，交通需求会急剧增加，市中心的交通压力也会越来越大,城市容易形成同心圆向外扩展。因为人口密集、用地紧张以及交通条件恶劣等原因,客运交通枢纽一般选择沿城市环形快速路均匀分布在城市边缘,并靠近连接市区与市郊的放射性主干道。

(2) 带状城市

当城市发展受到自然条件(如江河、海岸、山谷等)或者交通轴线(如铁路、高速公路等)影响时,在城市特定的两端会有着较强的扩展引导动力,城市会呈现出条带状延伸发展趋势。这类城市用地拓展与交通流的方向性极强,其过境道路往往是城市的主要通道。对于中小型带状城市,因为没有突出和强大的市中心,因此,可以在市区客流集散量大的地方或是市区边缘依据客流量设置枢纽。

对于大型、特大型带状城市,根据横向发展程度,往往规划一条或多条横向的快速通道,客运交通枢纽应依据其吸引范围,沿城市走向,顺序排列在带状城市边缘,以减少对市区的影响。

(3) 星形城市

星形城市是由3条及其以上的超长轴线构成,在市区具有明显的向心力,在市郊具有离心力的城市形态。中小型星形城市由于城市规模不大,客运交通枢纽可以设置在各条轴线相交区域的边缘,以有利于对各主轴上客流的吸引,而不会对中心城区的用地造成很大影响。大型、特大型星形城市可以看成是由多个带状城市组成,由于轴线跨度大,少量的客运交通枢纽的吸引范围已经不可能覆盖市区,可以借鉴带状城市客运交通枢纽分布的特点,将其设置在各条交通主轴附近,吸引单条发展轴线上的客流。

(4) 一城多镇

大城市周围客观上存在着大小不等的城市或城镇,它们之间自然存在着错综复杂的吸引与被吸引关系。一城多镇的布局形态是在城市的对外部吸引力或离心力的作用下,或是通过人为的规划和建设而形成的,较多地表现为大城市(中心城)和周围的卫星城共存的形态。中心城与卫星城之间具有较为密切的联系,使城市内各分区在生产、交通、运输及其他事业的发展上,既是一个整体,又有分工协作,有利于人口和生产力的均衡分布。

为使得一城多镇之间的交通联系便捷,常以轨道交通或高等级公路相连。当一城多镇分别具有相当的规模和相对独立的市中心时,可以在中心城和卫星城分别设立客运交通枢纽;当周边卫星城的客运量不大时,可在中心城与卫星城相连的交通干道附近,设置同时服务于卫星城和中心城的客运交通枢纽。

二、外部功能与区域功能的协同布局

1. 客运交通枢纽对区域空间发展的正外部性影响

客运交通枢纽必须靠近客流的发生源,把出行距离控制在乘客可以忍受的范围内,才能为乘客提供高质量的服务,也才能保证枢纽的合理运营。由于客运交通枢纽将多种交通方式衔接在一起,其所在地的可达性显著提高,可极大提升交通系统运行效率,吸引大量客流聚集在枢纽区域,产生区域效应,带动整个区域的发展,从而改变原有的城市布局。例如,北京的东直门、东京的新宿等地区,都是由于一个或多个枢纽聚集在此,吸引了大量的人流,从而发展成为城市的区域中心。

客运交通枢纽对城市空间发展的正外部性表现为枢纽的建设提高了周边土地的可达性,强化了城市空间的聚集效应。客运交通枢纽的建设,使得其所在区域的对外联系提高,吸引对外经济交流联系强的商业服务在枢纽周边聚集,城市土地得到有效利用。随着人流、商流在场站周边的汇聚与增长,客运交通枢纽区域成为城市发展新的增长点,同时,这一区域的土地价格也会逐步上升。当被吸引来的居民和企业因交通可达性的改善而能获得的收益被土地价格的上涨量所抵消时,聚集经济效益就会消失,居民或企业向该区域的迁移将会终止。

2. 客运交通枢纽对区域空间发展的负外部性影响

当单个客运交通枢纽规模扩大到一定程度时,会吸引大量的客货流在枢纽周围聚集,使得枢纽内部及周边地区交通复杂化,产生拥挤、噪声和空气污染、居住空间变小等不利因素,促使客运交通枢纽将部分业务向外或周边地区转移,以保持规模经济效益的持续。

三、外部功能与周边用地功能的协同布局

1. 客运交通枢纽建设与土地功能

客运交通枢纽与土地利用的一体化规划,可在调节城市用地功能的同时,奠定城市空间结构的基础,是实现城市空间布局的依据。以枢纽为中心合理布局商业、办公、住宅用地配比,可在使土地效益最大化的同时,为枢纽提供均衡客流,使枢纽与土地在互动发展中形成良性机制,构筑新的城市形态。大城市应充分利用枢纽建设对城市人口及就业离心化的强大推动力,从而推动中心区人口和就业的转移。

2. 客运交通枢纽建设与土地开发强度

土地开发强度与交通方式选择密切相关。枢纽一般处于带状发展轴的交接处,在客运交通枢纽附近会形成高密度的用地开发,各种住宅和商业设施在此高密度集中,地价不断升值,并且进一步会发展成为城市新的中心地区。客运交通枢纽地区的土地利用一般宜采用高密度、高强度的方式,用地以混合使用为主,特别是在靠近站点的地方,应尽可能布置一些强度较高的商贸办公、商业、居住等用地,充分发挥枢纽区位可达性优势,扩大枢纽直接服务对象的范围。在稍远一点的地方,可综合布置居住、小型商业等用地,进行中高强度发展。在非交通枢纽地区内,宜采用较低的土地开发强度。

此外,客运交通枢纽地区联合开发的成功可以对地区开发起到先导示范作用。枢纽建设与现有商业建筑相结合,必须建立有效的联合开发机制,加强公共部门与个体部门之间的沟通与协作。

3. 客运交通枢纽建设与土地价值

客运交通枢纽建设可以提高周边区域的可达性,从而促进沿线区域住宅开发的增加与商业企业用地的增加,相应导致枢纽周边区域土地(或房地产)价格的上升。

第三节 外部功能区与城市交通空间的衔接布局

一、与城市交通空间的衔接布局方式

客运交通枢纽与城市交通空间主要通过外部站前广场、高架匝道以及地下空间(如通道或商业街)等进行联系。

1. 通过站前广场联系

客运交通枢纽站前广场汇集枢纽衔接的各类交通方式的客流,是城市交通体系不可缺少的部分。站前广场交通衔接就是要通过对客流的有效组织,实现各类交通方式之间的无缝换乘。除设置地面广场以外,客运交通枢纽还可布置高架式候车室、十字形双层站台等立体交通,使站前广场的空间向多维度延伸,成为真正意义上的城市开放空间。

2. 通过高架匝道联系

匝道用来连接枢纽内不同平面的交通层,可实现越层交通及与城市交通空间的联系,并有效缓解综合客运交通枢纽用地的紧张状况。在交通高峰时期,位于上层的匝道可以承担起出租车临时停靠站的功能,以协调客运交通枢纽站前广场交通和城市干道交通的矛盾。如北京南站站前周边设置了多处高架匝道,把枢纽综合体与城市干道交通连接起来,实现了与站前广场交通的分流,很好地避免了站前交通与城市干道交通之间发生冲突(图5-3-1)。

3. 通过地下空间联系

地下换乘空间是利用垂直上下的竖向交通组织方式来提供快速换乘的空间形态,具有层面多、范围广的延伸性,可连通铁路站台、地铁线路和交通广场,如铁道、地下汽车通道、停车场及地下步行系统等。由于具有不受气候条件影响以及节约用地等优点,城市地下空间被视为解决枢纽综合交通换乘的一种行之有效的方式,已成为城市交通体系的一部分。根据与枢纽联系的紧密程度,地下换乘空间可分为分离式与结合式两种。上海虹桥火车站地下通道如图5-3-2所示。

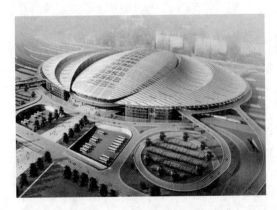

图5-3-1 北京南站外部效果图

图5-3-2 上海虹桥火车站地下通道

二、与城市商业空间的衔接布局方式

客运交通枢纽外围或者上方可开发商场、旅馆、办公、餐饮等设施为乘客服务,枢纽地下层空间则可布置地下商业街。这些服务性商业设施空间通过水平或垂直通道与枢纽建立联系,从而构成了枢纽特有的多功能复合空间布局。枢纽与城市商业空间衔接一般可以分为如下3种形式。

1. 与客运交通枢纽上盖商业空间的联系

布置于枢纽建筑上部的商业空间主要是客运交通枢纽内商务及娱乐休闲类的设施,如购物中心、会展中心、电影院、写字楼等。为了不影响枢纽交通功能的发挥,上盖商业空间一般不和枢纽内部的各交通方式有直接联系,乘客需要通过一定的流线组织,从枢纽公共开放空间进入。

2. 与客运交通枢纽地下商业空间的联系

对于将部分商业设施设于地下空间的客运交通枢纽,一般会将枢纽站前广场或换乘大厅等集散空间引入地下商业层,将客流引导进入地下商业空间内,以强调地上交通空间向地下商业空间的延伸。

3. 客运交通枢纽与城市商业综合体的联系

若商业建筑与枢纽建筑相连,则以此形成的客运交通枢纽综合体既可节约市民的出行成本、缩短出行时间,又给城市商业等活动注入了新的活力。但枢纽与商业的衔接应坚持即相对独立又相互联系的原则,在兼顾枢纽商业功能的同时,坚持枢纽交通功能的主体地位。

三、与城市公共空间的衔接布局方式

城市公共空间包括街道、公园、广场、建筑内部和地下公共空间等空间单元。随着客运交通枢纽建筑的发展,行人从城市公共空间进入枢纽有了多样化途径:①地下通道、过街天桥,该方式使枢纽建筑的不同层面之间与外部的城市步行空间取得联系,对枢纽建筑底层空间的形态起到了决定性作用。②下沉广场及屋顶广场,该方式将枢纽的室内空间等融入城市步行空间,作为对城市步行空间的延续。③综合大厅,该方式将城市步行空间与枢纽内部集散空间相连接,把城市空间融入客运交通枢纽综合体中,使交通换乘空间转化为城市的公共走廊,步行交通在枢纽内部完成。

总而言之,枢纽与城市公共空间的边界正逐渐消失,枢纽展现出前所未有的开放性,供人们在其中穿梭与停留。

第四节 客运交通枢纽内部功能空间布局

一、功能区空间布局模式

客运交通枢纽功能区一般由服务区、站台区、换乘区、停车区以及管理区等组成。功能区的空间布局模式不仅要考虑乘客的利益,还要结合客运交通枢纽的用地条件、工程条件、投资状况等诸多因素综合确定。根据功能区分布形式,可分为平面式布局(分散布局)、立体式布局(集中布局)和混合式布局3种。

1. 平面式布局

平面式布局是指各功能区在同一水平面上的投影不重叠或少部分重叠的布置模式。换言之,就是各种交通设施均布置在地面层,枢纽的人流和车流在同一层面上进出。由于设施均是平面布置,因此平面式布局模式的枢纽通常占地较大,而且人流和车流之间的相互干扰也比较多,一般适用于换乘方式种类较少、功能单一的客运交通枢纽类型。根据各功能区布置的分散程度,平面式布局模式又可以分为比邻式和分离式2种类型。

（1）比邻式布局

比邻式布局是指各功能区在一个较小的范围内集中设置的布局模式,该模式下各功能区的设施相邻布置,中间没有其他城市建筑物或道路相隔离,乘客换乘无须跨越道路、天桥或地道,如图5-4-1所示。这种模式的客运交通枢纽建设投资小,工程技术要求不高,因此我国各城市早期建成的枢纽中多采用比邻式布局模式。

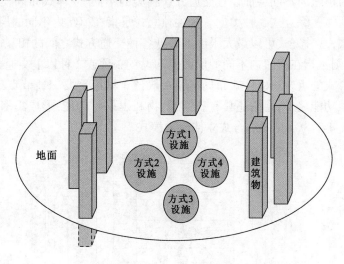

图 5-4-1　比邻式枢纽设施布局模式示意图

（2）分离式布局

相对于比邻式而言,分离式是指各功能区在一个较大的范围内分散设置的布局模式,该模式下各种交通方式或设施之间有其他的建筑物或道路相隔离,乘客需要通过人行天桥、地下通道或商业街完成换乘,如图5-4-2所示。这种模式多出现在已建成区域规划布局条件受限的新建或改建枢纽,往往存在乘客换乘距离过长,人流车流组织不便等诸多问题。

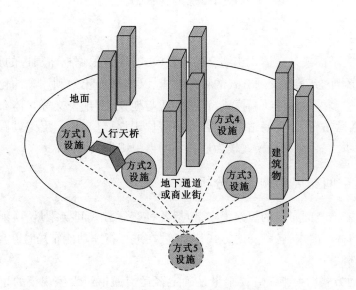

图 5-4-2　分离式枢纽设施布局模式示意图

2. 立体式布局

立体式布局是指客运交通枢纽内各种交通方式设施在同一水平面上的投影完全或基本重叠的布置模式,各种交通方式设施往往立体布置在一个多层交通建筑内,不同交通方式分布于不同层面,在换乘大厅内通过楼扶梯或电梯实现各种交通方式的相互衔接。

根据客运交通枢纽内不同层面设置交通方式种类的不同,立体式布局模式又可以分为分层独立式、分层组合式、综合式3种类型。分层独立式是指在枢纽内不同的层面上均只设置一种交通方式的形式,这种方式可以最大限度地降低各种交通方式之间的相互干扰,但建设成本较高;分层组合式则是指在枢纽内不同的层面上均设置2种或2种以上交通方式的形式;综合式是独立式和组合式的组合。立体式布局枢纽一般位于城市重要交通节点或集散区域,除发挥主要的交通换乘功能之外,通常还具有餐饮、购物和娱乐等功能,形成集多种功能于一体的交通综合体。图5-4-3为常见的综合式立体布局模式。

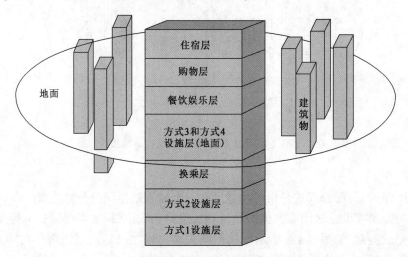

图5-4-3 枢纽设施综合式立体布局模式示意图

3. 混合式布局

混合式布局是平面式与立体式相结合的布置模式,通常根据枢纽周边的具体环境条件进行开发设计,既能考虑到某些交通方式的特性要求,又能使得土地利用集约化、紧凑化。我国目前的大中城市中多采用此种布局模式,铁路枢纽与地铁、常规公交等立体布置,一般地铁位于地下层,铁路客运站台、公交场站、长途客运站等位于地面层,地上层则具有候车、餐饮等功能。运营实践表明,混合式布局模式较为适合我国大中城市发展现状。

二、功能区空间布局影响因素分析

影响枢纽功能区空间布局的因素很多,包括各种交通方式间换乘量、换乘成本、各功能区面积、备选站点的特征要求、各种交通方式特性等,在进行枢纽功能布局时,应结合枢纽特点进行有针对性的分析。

(1)各种交通方式间换乘量。换乘量是确定客运交通枢纽设施规模的主要依据,也是计算枢纽总换乘成本的重要基础。在进行枢纽功能区的空间布局时,往往需要在换乘客流量预测的基础上,优先考虑较大换乘量的交通方式布局,确保主要客流冲突最小,换乘顺畅,以降低客运交通枢纽总换乘成本。

(2)换乘成本。使客运交通枢纽内各种交通方式间乘客总换乘成本最低是进行枢纽功能区空间布局的主要目标。此处所指的换乘成本是广义换乘成本,是包括换乘时间与换乘舒适度、方便性、安全性等因素在内的影响值的总和。其中,换乘时间由换乘实际行走距离与乘客行走速度的比值确定,换乘舒适度、方便性、安全性等因素的影响值一般用常数表示。

(3)各功能区面积。功能区面积即功能区规模,一般根据各种交通方式的总客流需求、单位交通工具的平均载客数和所需面积、换乘设施周转率等因素确定,同时还要考虑未来发展需求、交通结构调整、自然灾害或突发情况下的设施应急能力等因素。

(4)备选站点的特征要求。备选站点的特征要求一般包括用地空间、场站能力、换乘组织、工程条件等方面的限制,是功能区空间布局的重要影响因素。在进行客运交通枢纽功能区空间布局时,通常会先选定几个备选站点,然后根据备选站点的特征,结合交通方式的特性进行功能区布局的综合决策。

(5)其他因素。除上述因素外,各种交通方式特性、乘客特征、乘客出行特征、换乘组织形式、工程建设投资、运营费用等因素也会对枢纽功能区空间布局产生影响。

第五节 客运交通枢纽内部功能设施布局

一、安全设施布局

客运交通枢纽具有客流密度大、流动性大、空间较为封闭等特点,一旦发生事故,外部施救处理非常困难。因此,安全设施的合理布局和可靠运作非常关键。依据事件疏散是否具有紧迫性、事件的发生是否会对枢纽运营造成重大影响甚至导致瘫痪、事件是否会对人民生命财产安全造成损失、事件是否具有多发性、规律性、可控性等,紧急事件可以分为突发公共事件和异常事件。

突发公共事件是指突然发生,造成或者可能造成重大人员伤亡、财产损失、生态环境破坏和严重社会危害,危及公共安全的紧急事件。客运交通枢纽突发公共事件可分为:①自然灾害事件,如地震灾害、气象灾害等;②事故灾害事件,如火灾、建筑物坍塌、各种交通事故等;③公共卫生事件,如传染病疫情等;④社会安全事件,如恐怖袭击、骚乱等。

异常事件是指客运交通枢纽内客流增大、运营设施发生故障,但不影响乘客换乘和枢纽正常运营,短期能够迅速恢复正常的事件。异常事件主要包括:①枢纽内设施出现故障;②行人滞留、徘徊、聚集;③超常客流;④行人非法逆行、非法闯入特定区域;⑤治安事件(如行人打架、斗殴)等。

枢纽的主要安全设施包括消防通道、屏蔽门、火灾安全门、应急指示标志等。对于安全设施的布局,应在保障枢纽日常运营及突发情况下,按照相关国家规范及行业标准进行配置,并能够最大限度地保障乘客及工作人员的生命与财产安全。

二、环控设施布局

客运交通枢纽对通风空调及防排烟设施(简称环控设施)的要求要高于一般的民用系统。环控设施的布局设置必须满足两个方面的要求:一是在日常运营中为乘客和设备提供舒适及适宜的环境;二是在事故及灾害情况下进行通风、排烟、排毒、排热,起到生命保障及辅助灭火的作用。环控设施布局应确保上述两个方面的整体安全,不宜片面强调某一方面。环控设施的主要功能包括以下5个方面。

(1)新风:为枢纽抽取外界的自然空气。

(2)送风:可分为送全新风、混风(新风和回风)、全回风3种情况;送风经过除湿、过滤及消声,然后送到站厅、站台及各设备房。

(3)回排风:可分为全回风、全排风及有回有排3种情况;排风又分为固定排风和间歇排风;回排风为来自站厅、站台及设备房的回风,当回排风温度低于外界大气温度时,可起到节能作用。紧急情况下可将车站的烟气、毒气等排掉。

(4)固定排风:将车站的设备房、卫生间、卫生器具间、储物间、生活污水间、列车冷却及隧道内的废气全部排掉。

(5)自然换风:通过枢纽进出口通道和通风井的敞开,利用列车运动时产生的隧道活塞风进行自然换气、自然冷却。

枢纽环控设施一般可分为环控大系统、环控小系统及隧道通风系统,并应分别独立设置。环控大系统用于站厅和站台公共区的通风、空调及防排烟;环控小系统用于设备区设备房的通风、空调及防排烟;隧道通风系统用于隧道和站台的通风、降温及防排烟。

三、换乘设施布局

1. 布局原则

客运交通枢纽内各种接驳交通方式都有其存在的合理性,要组织好换乘交通,保证各交通设施间的衔接协调,必须遵循以下原则。

(1)换乘过程的连续性

乘客完成各交通方式间的搭乘转换,应是一个完整连续的过程。换乘的连续性是组织换乘交通最基本的要求和条件。客运交通枢纽的位置应为乘客换乘提供方便的交通工具及交通线路,这样才能保证出行连续、减少延误。

(2)客运设备的适应性

应保证各交通方式的客运设备(包括各种交通工具的数量、客运交通枢纽中的站屋、站台、广场、人行通道、乘降设备、停车设施等)的运输能力相互适应和匹配。

(3)客流运转的通畅性

应使乘客尽可能均匀分布在换乘过程的每一环节上,不应在任一环节滞留、集聚,保证换乘过程的紧凑和通畅。

(4)换乘的舒适性和安全性

换乘过程的舒适性、安全性不仅对乘客个人的生理、心理产生影响,同时也可能对社会产生意想不到的影响。过分拥挤和无安全感给乘客造成旅途疲劳,心理压力大,情绪烦躁,从而影响到乘客的工作、学习和生活等各个方面。

2. 换乘形式

客运交通枢纽换乘设施布局有垂直交叉、斜交、平行交织等多种形式。可分为同站台换乘、节点换乘、站厅换乘、通道换乘、站外换乘、混合换乘等基本形式。

(1) 同站台换乘

一般适用于两条线路平行交织且采用岛式站台的车站形式。乘客换乘时,由岛式站台的一侧下车,横过站台到另一侧上车,完成转线换乘,极为方便。同站台换乘的基本布局是双岛站台的结构形式,可以在同一平面上布置,也可以双层立体布置。

(2) 节点换乘

在两线交叉处,将两线隧道重叠部分的结构做成整体的节点,并采用楼梯将两座车站站台直接连通。乘客通过该楼梯进行换乘,换乘高差一般为 5~6m,乘客换乘十分方便。但要注意上下楼的客流组织。更应避免进出站客流与换乘客流的交叉紊乱。

(3) 站厅换乘

设置两线或多线的公用站厅,或相互连通形成统一的换乘大厅,乘客下车后,无论是出站还是换乘,都必须经过站厅,再根据导向标志出站或进入另一个站台继续乘车。

(4) 通道换乘

在两线交叉处,车站结构完全脱开,用通道和楼梯将两车站连接起来,供乘客换乘。连接通道一般设于两站站厅之间,也可以直接设置在站台上。对于不相邻的两座车站,通道换乘为最佳选择。但换乘通道长度一般不宜超过 100m,宽度可以根据换乘客流量的需要设计。这种换乘方式最有利于两条线工程分期实施,预留工程最少,换乘通道后期线路位置调节的灵活性大。

(5) 站外换乘

站外换乘方式是乘客在车站付费后进行换乘,实际上是没有专用换乘设施的换乘方式,往往是无线网规划而造成的后遗症。由于乘客增加一次进、出站手续,再加上在站外与其他人流交织和步行距离长而显得极不方便。对轨道交通自身而言,是一种系统性缺陷的反映。因此,站外换乘方式在线网规划中应注意尽量避免。

(6) 混合换乘

在换乘方式的实际应用中,往往为了完善换乘条件、方便乘客使用、降低工程造价等目的,而采用 2 种或几种换乘方式组合。例如:同站台换乘方式辅以站厅或通道换乘方式,使所有的换乘方向都能换乘;楼梯换乘方式在岛式站台中,必须辅以站厅或通道换乘方式,才能保证换乘能力;站厅换乘方式辅以通道换乘方式,可以减少预留工程量等。

3. 诱导系统

交通标志设置的合理程度与交通设施功能的发挥、城市居民出行的便利程度以及出行安全息息相关。由于客运交通枢纽内部空间有限,而且基本全封闭,这一特定的环境对交通标志的功能与作用提出了更高要求。在这一背景下,通过总结公共交通乘客出行信息需求,可建立乘客引导系统框架。

公共交通乘客出行信息需求分为出行前信息、出行中信息、个性化信息 3 个层次,如表 5-5-1 所示。

公共交通乘客出行信息需求 表 5-5-1

信息需求类型	信息类别		具体内容
出行前信息	票务信息		票价、购票地点、检票方式等
	时刻信息		班次时刻表、间隔时间等
	站点信息		所经站名、路网衔接、主要换乘站点等
出行中信息	车站信息	引导信息	站台布局引导、乘车方向引导、地图引导、警告引导等
		运行信息	到离站时刻及站名、位置信息、行程时间信息等
		票务信息	车内拥挤程度、高峰时段信息、是否有座位等
		换乘信息	公交(轨道)线网内换乘信息、多方式换乘信息等
	车内信息	运行信息	到离站时刻及站名、运行正点信息、行程时间信息等
		换乘信息	公交(轨道)线网内换乘信息、多方式换乘信息等
		紧急信息	出现事故及特殊事件的相关换乘信息等
个性化信息	服务信息		前往景点、地标性场所的乘车及换乘信息等
	天气信息		天气状况及预报信息等
	其他信息		新闻信息、休闲娱乐信息等

客运枢纽乘客引导系统框架的设计,旨在规范枢纽内部引导标识体系,如图 5-5-1 所示。

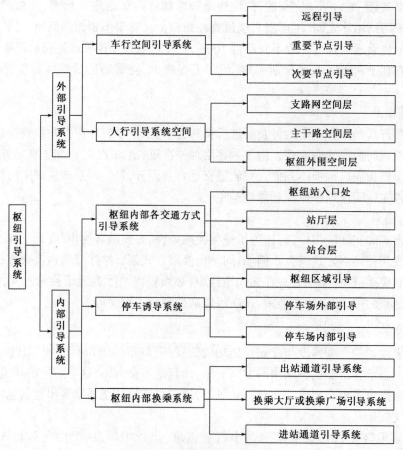

图 5-5-1 客运枢纽乘客引导系统框架

4. 信息化建设

客运交通枢纽智能系统是在充分考虑先进公交、长途等公共交通的运行需要的基础上，综合运用网络、通信、控制、计算机、信息处理、数字地图、卫星定位及智能交通系统技术，完成公交运营数据采集、车辆监控指挥、智能优化调度、公交车辆优先和乘客信息发布。通过枢纽智能系统的建设，可以提升枢纽内日常监测及紧急事件下联动响应能力；提升枢纽内各运输方式衔接运转效率；提升枢纽内客流换乘组织效率与信息服务水平；提升枢纽及周边区域道路交通运输效率；提升枢纽辐射重点区域信息服务水平。

(1) 公交智能控制系统

控制系统主要由静态诱导标识系统、电子显示系统、触摸屏系统、视频监控系统等组成。在客运交通枢纽换乘区、停车场及枢纽周边的路侧部署 LED 显示屏、LCD 显示屏和触摸屏，另设置用于安防、客流检测及事件识别的摄像机，以及用于引导客流的静态诱导标识系统，可以实现对信息的采集、处理与发布。

(2) 长途智能系统

长途智能控制系统包括长途客运管理系统（如实行联网售票、电子检票、行包管理系统等）、乘客信息服务系统和安检系统。

联网售票系统：实现票号设定、售票参数设定、售票、退票、签票、补票、废票、售票日报、票明细查询。

电子检票系统：实现检票口设定、检票、补票时间设定、路单重打、检票口实时状态查询、班次检票查询、班次检票口设置、检票报表查询。

行包管理系统：实现基础数据设定、托运单号维护、行包托运、托运收银、托运配载、入库指令、入库、出库、结算单打印。

车辆调度系统：实现系统管理、调度管理、安检管理、检修管理、清洗清洁管理、报表管理。系统管理包括：日志管理、IC 卡管理、用户管理和基础数据管理。调度管理包括：预备班次管理、实时班次调度、实时班次生成、参数设置、班次历史数据、票板管理。安检管理包括：安检数据管理。检修管理包括：检修数据管理。清洗清洁管理包括：清洁数据管理、清洗管理。报表管理包括：调度日志、正点、正班率统计月报表、客流统计日报表和客流统计月报表管理。

结算系统：实现参数设定、班次定价调价、行包结算、票务结算、结算（按时间段结算）、车辆异常参数设定、结算报表。

车辆进出自动识别系统：通过给车辆配备 RFID 卡，与刷卡设备结合，实现车辆进出的自动识别。

信息服务系统终端系统：由静态诱导标识系统、电子显示系统、触摸屏系统、视频监控系统等组成。

(3) 小汽车和出租车停车管理系统

该系统的电子计算机和自控设备以及智能 IC 卡技术有机结合，通过计算机管理，可以实现车辆出入管理、自动计价收费、车位显示等。

(4) 数字枢纽系统

建设客运交通枢纽数据交换平台，实现与相关业务系统的数据交换与共享，构建枢纽设施、公交、轨道、民航、铁路、长途客运、交通路况 7 类基础数据库，为实现联动管理、应急处置、诱导和信息服务、综合分析与决策等功能提供数据支持。在资源整合的基础上，开发枢纽日常监测与联动支持、安全疏散诱导与应急管理、枢纽内换乘诱导与信息服务、枢纽周边区域交通诱导、枢纽辐射重点区域交通信息共享五大应用系统。建设系统安全技术体系，主要包括：物理环境安全、网络安全、数据安全与应用系统安全等。

思考题

1. 简述客运交通枢纽布局的设计原则与要求。
2. 影响功能区空间布局的因素主要包括哪些？
3. 客运交通枢纽换乘设施布局形式主要包括哪些？

第六章
客运交通枢纽换乘设施设计

客运交通枢纽的设施设计首要关注的是乘客在枢纽系统中的移动条件与移动效率。根据乘客在枢纽内的活动需求分析,为出行者在换乘过程中的各种行为提供服务。因此在进行枢纽设施设计时,应首先保证乘客换乘所需的服务能力、便利性和安全性,即尽量保证乘客在枢纽中换乘路线的清晰、简洁和安全。同时枢纽内各种交通设施的衔接设计时应考虑运能的匹配,避免换乘过程的拥堵、停留和等待。

第一节 客运交通枢纽换乘设施设计原则

客运交通枢纽中,各个交通方式的衔接与转换主要依赖的是换乘设施。换乘设施不仅起到衔接各种交通方式的作用,而且还要将行人流与其他交通有效分离来保证行人流的安全。为了保证枢纽中的换乘人流的连续性、安全性与便捷舒适性,换乘设施规划设计时需要遵循以下原则:
(1)与设施服务水平紧密结合
换乘设施配置与设施服务水平紧密结合,是从经济与性能相结合的角度来考虑的。因为枢纽内客流量、乘客期望、服务水平,以及设施设备的建设、运行、维护等成本,共同影响了换乘设施设备的配置情况。只有将以上因素综合考虑，才能在相应服务水平下，得到设施设备最高效、经济的配置。

（2）与城市规划相配合

客运交通枢纽往往是具有象征性的城市设施，换乘设施不仅用于内部乘客集散换乘，它庞大的站房、站场和站前广场等，更有可能成为一个城市的窗口和象征，因此必须与城市整体规划紧密结合。其设施的配置与设计应结合周边景观设计、城市规划、城市文化等因素综合考虑，尽量与城市规划以及城市文化的定位互相辉映、融为一体。更为重要的是要与其他城市功能相配合，重视生活性道路、连接性道路、自行车道等交通设施的配置。

（3）考虑设施的使用效率

客运交通枢纽换乘设施的配置既要和乘客需求、技术条件、经济指标、枢纽规模相适应，达到一定的标准；又要充分考虑换乘设施的使用效率，实现资源优化配置和经济效益最大化，使换乘设施为乘客提供公益性服务的同时最大化地降低成本。

第二节　客运交通枢纽换乘设施分类

客运交通枢纽是城市人流和车流实现中转换乘的场所，其分类方式有多种，根据研究人员的不同要求与目的，分类不同。按照设施的位置，可将换乘设施分为服务设施、通行设施及空间设施；按照设施的服务特点，可将换乘设施分为场站设施、服务设施、附属设施。本章内容主要根据设施的服务特点，从场站设施、服务设施和附属设施三个方面对枢纽设施进行具体分解（图6-2-1）。

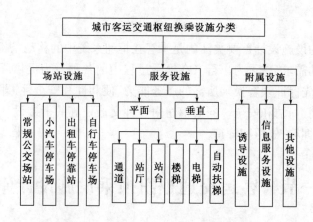

图6-2-1　城市客运交通枢纽换乘设施分类

一、场站设施

客运交通枢纽中的场站设施根据用途可分为公交场站停车场、出租车停靠站、小汽车停车场和自行车停车场。

1. 公交车停靠站及停车场

枢纽内的公交车停靠站一般包括公交首末站、过境站。

(1) 首末站

客运交通枢纽中有众多公交线路聚集,线路复杂,部分远程的公交线路首末站设置在枢纽内部,便于乘客选择适当的线路,减少换乘次数。在设置停车场时,还应安排好首末站台位置,使客流与车辆有效分离,增加枢纽换乘的安全性。

(2) 过境站

枢纽内应预留过境公交车停靠站点,原则上与首末站一体化设置,便于乘客换乘,还需便于过境公交车辆进出,降低车辆进出枢纽的延误,减少过境公交车辆绕行。

2. 出租车停靠站

出租车停靠站是指设置在枢纽内为有需要的乘客提供出租车换乘的一个场所,将经过枢纽的出租车辆进行集中引导,避免车流交织的情况出现,使其运行更加安全有序、快速便捷,同时提高枢纽内部行车的安全性,是交通枢纽一个不可或缺的环节。

3. 小汽车停车场

在枢纽内设置小汽车停车场,使绿色交通方式与私家车的换乘得到实现,可满足乘客多元化出行的需要与要求,实现一定区域内的低碳交通。

4. 自行车停车场

自行车是较为灵活的交通方式之一,随着交通不断地发展,越来越多的人选择自行车与公共交通方式的转换,尤其是出行位置距离枢纽较近的区域。设置自行车停车场能够满足乘客的自行车出行需求。立足于国内自行车数量巨大的现状,客运交通枢纽的规划设计不仅可以吸引自行车流量转向公共交通,有利于目前混合交通的治理,还可以改善客运交通结构。

二、服务设施

1. 平面设施

(1) 通道

通道是用于连接枢纽内不同功能空间的通行设施,是乘客流线引导的重要方式。按功能分为单向通道和双向通道,按交通形式分为步行通道和自动人行道,按空间的封闭程度分为封闭式通道、半封闭式通道和敞开式通道。

①封闭式通道,地下直接连接不同功能区域的独立通道,如用于不同轨道交通线路之间换乘的封闭、狭长的换乘通道。

②半封闭通道,车站与建筑物地下层空间直接相连,通过建筑物内部疏散到地面。

③敞开式通道,地面层用于客流集散、换乘的步行道,或者连接车站地区下沉式广场和建筑物的其他功能空间的设施。

(2) 站厅

站厅的主要功能是为乘客提供出行信息、安全检查及票务服务,乘客需进入站厅才能通过楼梯或其他通道进入站台。

①人工服务设施。人工服务设施按照设施的功能可分为人工充值设施、售票设施、安检设施、检问询设施。与自动服务设施相比,人工服务设施有服务周到、信息交流无障碍、可及时发现解决问题、顾客考虑因素较少等优点。因此,可以预见在未来的一段时间内,人工服务设施还会在较长时间内存在。

②自动服务设施。随着计算机的发展,自动服务设施系统因其快速、准确、记录信息多、节约人力、减少人为因素等特点已成为现代城市客运交通枢纽运营核心子系统之一。自动充值设施按照设施的功能可分为自动售票设施、安检设施、自动检票设施等。自动售检票设施便于乘客自助完成售检票,减少枢纽运营成本,提高售检票效率。

(3) 站台

站台是供行人等待、登车以及行人下车、疏散出站的场所,是一个主要由站台周围建筑空间和空间内的环境设施组成的线性空间。站台的形式与其设计宽度、长度和车站的规模、单位时间乘降的客流等因素有关。对应不同交通方式的站台,可以分为轨道交通站台、快速公交站台、常规公交站台等。

2. 垂直设施

(1) 楼梯

楼梯是架设在楼层之间供行人上下台阶,具有一定坡度、踏步的高度和深度的垂直移动设施,是行人在空间层面实现转换的主要功能设施之一。由于楼梯设施上的行人步行速度与楼梯处的行人流方向、行人流密度以及楼梯台阶高度有关,尤其楼梯的上行以及下行行人流特性会有较大差异性,因此楼梯又可以分为上行楼梯和下行楼梯,对于双向使用的楼梯可以看作是上行楼梯和下行楼梯的组合形式。由于高程的变化使得乘客在楼梯上行走容易发生危险,尤其是高密度客流情况下,在设计时要特别注意。

(2) 自动扶梯

自动扶梯是协助楼梯完成其功能的,方便老人、行动不便者、搬提重物者以及孕妇等弱势乘客出行。

(3) 电梯和升降机

随着社会基础设施的不断完善,枢纽内也逐渐开始设置了供乘客使用的电梯和升降机,与自动扶梯设置的目的相同,辅助楼梯联系枢纽内各部分设施。

三、附属设施

1. 信息服务设施

枢纽信息服务设施是指借助于声学、电气、光学等现代技术,在通道、站台、售票处、枢纽出入口等乘客经过的地方,通过指示牌(板)、电子显示屏、广播、线路图等各种方式发布枢纽有关运行和交通方式换乘等动静态信息的设施设备。信息服务系统能够使各种信息安全快速地进行传输,使枢纽内的信息系统和枢纽外的信息系统进行衔接,实现信息共享、信息实时分析。

信息服务设施包括两部分,一部分为乘客服务,称为公众信息服务系统,公众信息服务系统又分静态信息服务系统和动态信息服务系统,静态信息包括各种导向设施,如设置在车站外部的站牌、出入口导向图,车站周围示意图;车站内部的售票方向指示、价格表、时刻表、公交线换乘信息等。此外,动态信息服务系统包括电子显示屏、电子站牌、自动取售票机等。

枢纽信息服务设施的另一部分——枢纽场站信息服务系统也是不可或缺的,主要服务于枢纽内各交通方式的场站调度。将智能运输系统(ITS)的概念引入到枢纽场站信息系统会让枢纽的功能有更大的发挥空间,让各种交通方式的衔接更加顺畅。

2. 其他设施

除信息服务设施外,枢纽内还设有照明设施、恒温设施、掩设施、隔音设施和防灾设施等附属设施,共同保障枢纽的高效运转。

第三节 客运交通枢纽设施需求分析

在换乘设施合理分类的基础上,可以采用交通调查的方法获取不同设施上客流的构成、行为特点及规律,并将其转换为对换乘设施的空间需求,从而开展换乘设施的交通设计。

一、客流调查方法

1. 调查目的

枢纽客流调查是指通过现场实地勘测、统计分析后,运用所得到的数据结果预测未来一段时间内换乘客流发展趋势的工作过程。

客流是一个抽象的概念,只能用相关的参数来表示,在这些参数中了解到客流的特性,如行人流流量、密度、步速、加速度等的变化级规律。此外还有其他的因素影响客流的行为参数,如换乘流线组织、安检布置形式等,这些因素以其本身特有的现象在影响着交通流的特性。因此,想要对交通枢纽进行规划管理和有效的控制,需要对相关参数变量有着清晰透彻的了解,客流调查正是得到这些参数的最直接、最有效的方法。

2. 调查内容

由于枢纽调查涉及的人、车、路等各个方面都相互联系,并不是独立的,因此客流调查的范围比较广泛,主要包括:

(1) 客流行为要素调查

在交通枢纽内,人流、车流是主要的交通流,在某些大型换乘枢纽内,还存在地铁车流,因此在枢纽的交通流要素调查时,要调查能清晰表明枢纽内交通流特性的参数变量,如行人、机动车的交通量和速度、等待时间、密度等。

(2) 客流出行调查

包括客流发生、吸引调查,有交通吸引范围、交通分布等,还包括出行方式调查、出行时间调查、换乘方式和次数调查、出行距离调查、行人出行特征调查等。

(3) 枢纽环境调查

枢纽环境调查包括枢纽内秩序的调查、安检设施的调查、行人地下通道调查等,还包括其他对客流人流有影响的站厅大小、候车厅大小、安检通道宽度、扶梯数量和宽度、自动取售票机数量等的调查。此外,人流、车流对环境的影响也是不容忽视的,如噪声、尾气等对枢纽环境的影响,会直接影响到使用者的换乘满意度。

3. 调查方法

(1) 人工法

人工法一般分为问卷调查法和定点观测法两种。定点观测法是让调查人员在特定的时间段内按照正确的方法统计通过某一地点或者某一观测面的行人、机动车的交通量,如有需求可在调查时分类统计,将不同类型的样本区分开来;问卷调查法是将事先设计好的问卷发放给具有代表性的使用者,让使用者进行回答,再将结果进行统计分析。

人工法操作简单,易于实施,机动灵活,经过培训的调查人员统计的数据精度较高,且资料易于整理。但是人工法需要较多的人力,调查人员工作强度较大,长时间的调查会导致调查人员疲劳,数据精度下降,因此,人工法一般只适用于短期内的交通调查。

(2) 机械法

机械法是指在指定的地方安装现代化的仪器,以其代替人力来进行数据的调查和统计的一种方法。机械法省时、省力,适用于长期调查且精度较高,但是在前期需要投入较大的成本。另外,由于仪器的安装会受到环境的制约,对周围的环境有一定的要求,同时,仪器的安装可能会影响到需要观测的交通流,造成数据失真,因此机械法的使用范围受到一定的限制。一般使用的仪器包含压力式检测仪、磁性检测仪、超声波式检测仪、红外检测仪等。

近年来,随着枢纽的集中数据采集优势及信息化技术的发展,采用IC卡刷卡机、手机GPS定位和手机无线WIFI等数据进行客流调查与测量的方法也得到广泛的应用。例如,IC卡刷卡机通过刷卡器统计出用户的出行时间、起点、终点、出行距离、出入位置等大量数据,可提供枢纽相关的公共自行车、公交、地铁等客流信息,数据准确率较高。

(3) 摄像法

摄像法是用摄像装备将所监测的枢纽内的客流运动过程记录下来,调查人员通过监测视频进行数据统计。摄像法较为常见,其优点是可以将某一时段的行人状况进行多次的核对或利用,具有重复性,克服了人工法的不可逆性,且视频储存方便,能够随时调查相关数据。但是摄像法想要对枢纽内的行人状况有一个全面的了解,必须安装大量的摄像装备且要求画面清晰可见,投资较高,后期的数据处理需要大量的人工处理且耗时较长,在安装摄像装备时,其位置最好与客流方向垂直,安装在尽量高的地方,使其能监测到大范围的研究区域,应保障监测视线不被其他障碍物遮挡。

4. 调查方案设计

(1) 明确调查目的。

(2) 确定调查地点。在调查前应规划好所要调查的点,在平面图上标注出观测点的相关信息,如视距障碍、交通标志、周围地物等,使调查人员对观测点有一个初步的了解。

(3) 确定调查时间。不同类型的数据调查时间不尽相同,所以调查时间视调查目的而定。

(4) 准备调查工具。若需要用到某些仪器,则要对仪器规格、型号、安装步骤、使用方法等有一个详细的说明。

(5) 组织调查人员。对调查人员进行必要的培训,减少出错率,提高数据精度。

(6) 记录表格的形式。

(7) 调查资料整理方法及格式。

(8) 注意事项。

5. 调查的基本要求

客流特性参数的变化规律与时间、地点等外在环境有着密切的联系,由于条件不断变化,想要获得有用的数据,客流调查必须在特定的条件下进行,这些条件需要在调查前予以说明,防止数据失真。数据在后期处理时,其处理分析方法要视调查目的而定。

客流调查无论是进行人工统计,还是通过仪器进行统计,都对调查人员有较高要求,调查人员除需要有过硬的专业知识外,还需要好的敬业态度,另外,团队要有良好的组织和默契的配合,团结一致,只有这样才能做好枢纽客流调查这项工作。

二、调查数据分析

不同的调查目的要有不同的数据处理分析方法。客流调查的数据分析一般做如下处理:

(1)人工输入。研究人员将所调查的数据录入计算器,形成电子数据。这种方法要花费大量的时间,且当数据过多时,会出现一定误差。

(2)半智能化处理技术。利用计算机网络技术,将调查数据进行半智能化处理,直接转化为电子数据,减少工作量,这种方法一般用于摄影法所调查的数据。

(3)计算机视频处理技术。计算机对图像直接进行监测,通过相关技术识别、跟踪目标,得到想要的数据。

分析数据一般有以下几种方式:

(1)绘图法,将调查的数据绘制成流量变化图等。

(2)计算法,利用有关公式、算法对数据进行分析,计算出特定的交通参数。

(3)其他根据调查目的的分析方法。

第四节 客运交通枢纽设施设计方法

一、场站设施

1. 公交车停靠站

公交车停靠站包含首末站、中间站两种,详细规模设计见第三章第五节。以站台的服务水平研究为基础,根据人均占有空间的大小,将公交站台的服务水平分为6类,详见表6-4-1。

公交站台服务水平等级及人均所占面积　　　　　表6-4-1

服务水平等级	人均所占面积(m^2)	服务水平等级	人均所占面积(m^2)
A	>1.2	D	0.3~0.7
B	0.9~1.2	E	0.2~0.3
C	0.7~0.9	F	<0.2

根据所在地区的情况,在表6-4-1中选择合适的服务水平,确定乘客的人均占有面积。一般来说不能低于D级服务水平。对各级站台服务水平的描述见表6-4-2,常规公交停靠点数量和站台宽度见表6-4-3。

公交站台各级服务水平描述　　　　　表6-4-2

服务水平等级	舒适程度描述
A	在站台上可以随便流动,并且不会妨碍旁边的人
B	为了避免妨碍别人流动,在站台上流动时要受到一定的影响
C	在站台上流动时要受到一定的影响,并且要妨碍别人的流动,这种情况是在人能够承受的范围内

续上表

服务水平等级	舒适程度描述
D	在站台上流动有些困难,人与人之间相互接触,长时间候车乘客会感受有些不舒服
E	人与人之间的身体接触是不可避免的,在站台上基本不能流动,站立很短时间乘客就会感觉不舒服
F	人与人之间会相互拥挤,乘客在站台上不能流动,感觉很不舒服

常规公交停靠点数量和站台宽度 表6-4-3

公交车停靠点数量	每一个站台应该对应有2~3个公交车停靠点
站台宽度	考虑可见度、安全方面的因素; 对于边沿站台的最小空余宽度为3m,对于中央站台的最小空余宽度为6~7m
停靠点类型	普通线性停靠; 独立线性停靠; 吞吐式停靠

公交站台停车泊位是在公交候车站台处设置的停车泊位,供公交车辆短时停放,让乘客完成上下车等活动。对于客运交通枢纽,其公交站台停车泊位面积的决定因素与公交中途站有所不同,在客运交通枢纽不存在信号灯及周围社会车辆影响的情况下,决定其泊位面积的因素主要就是公交车的停靠时间。枢纽站台停车泊位面积的具体计算步骤如下。

(1)单个停车泊位1h的停靠能力可以通过下列公式确定:

$$C = \frac{60}{t_d} \qquad (6\text{-}4\text{-}1)$$

式中:C——单个停车泊位1h的停车能力(辆/h);

t_d——公交车在停车泊位处的停靠时间(min/辆),取客流高峰时段,公交车在公共交通枢纽的停靠时间为6min,美国标准为8min,则单个站台停车泊位的停靠能力为10辆/h。

(2)估计公共交通枢纽高峰小时的公交车的到达数量,除以枢纽单个停车泊位的停靠能力即可以得出所需的停车泊位的数量,例如枢纽高峰小时公交车的到达数量为200辆,则所需的停车泊位数为:

$$n = \frac{200}{10} = 20 \qquad (6\text{-}4\text{-}2)$$

按单个停车泊位的长度为15m,宽度为4m,可进一步计算出站台停车泊位面积。表6-4-4列出了枢纽所需的公交停车泊位数及泊位面积。

枢纽公交停车泊位数 表6-4-4

高峰小时公交车流量 (辆/h)	停靠时间 (min)	站台停车泊位的停靠能力(辆/h)	枢纽所需公交停车泊位数(个)	公共交通枢纽停车泊位面积(m²)
45	6	10	5	300
60	6	10	6	360
75	6	10	8	480

续上表

高峰小时公交车流量（辆/h）	停靠时间（min）	站台停车泊位的停靠能力（辆/h）	枢纽所需公交停车泊位数（个）	公共交通枢纽停车泊位面积（m²）
90	6	10	9	540
105	6	10	11	660
120	6	10	12	720
150	6	10	15	900
180	6	10	18	1080

2. 出租车停靠站及停车场

（1）出租车停靠站

出租车换乘设施的主要组成要素为：落客区域，等车循环区，排队区，上客区域。其主要功能在于：满足乘客搭乘出租车的需求；为出租车进出道路系统提供缓冲的区域；实现交通功能转换，完成乘客在不同交通方式和出租车之间的换乘。在满足上述主要功能的基础上，出租车布局应遵循落客、上客分离，较小的空间，适当的出租车候车空间等规划设计原则。

常见的出租车布局形式有如下三种：上下客分离、上下客散乱分布和不设出租车换乘区域（图6-4-1～图6-4-3）。

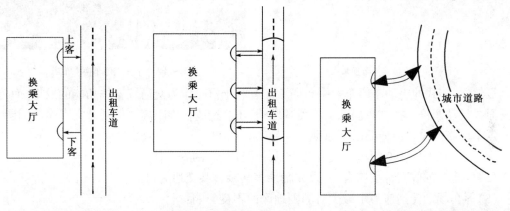

图6-4-1 上下客分离　　图6-4-2 上下客散乱分布　　图6-4-3 不设出租车换乘区域

上下客分离，且有出租车候车空间的第一种布局形式，无论是在提高换乘效率还是在减少人车冲突点方面都更优于后两种布局形式。

（2）出租车停车场

出租车停车场的规模确定方法与小汽车停车场规模确定的方法相同，主要区别在于参数的选取上，特别是平均载客数和停车场的周转率指标。出租车停车场规模的计算公式为：

$$S_{ta} = \frac{N_{ta}\beta \bar{S}_{tap}}{P_{ta}\lambda_3} \qquad (6-4-3)$$

式中：N_{ta}——到达枢纽的出租车车辆数；

$\bar{S}_{tap}$——每辆出租车停靠所需的面积；

β——到达枢纽的出租车进入停车场停车候客的比例，一般取0.5~0.8；

P_{ta}——出租车的平均载客数；

λ_3——出租车停车场的周转率，一般大于小汽车停车场的周转率λ_1。

3. 小汽车停车场

私人交通与轨道交通之间的换乘在小汽车拥有率较高的国家非常普遍，即由居住点开车前往大容量轨道交通车站，再利用轨道交通前往目的地。存车换乘是现代化公共交通系统中不可缺少的一个组成部分。为了满足停车换乘的需要，吸引居民出行，由私人交通方式向快速轨道交通方式转变，综合客运枢纽必须提供足够的停车设施。枢纽机动车停车换乘设施的主要组成要素为：机动车入口车道，停车场，机动车出口车道，停车收费区以及前往换乘区域的专用步道及直升梯。

常见的机动车停车换乘包括立体式和平面式停车换乘布局（图6-4-4、图6-4-5）。

图6-4-4　立体式停车换乘入口

图6-4-5　平面式停车换乘布局

显然，立体式的机动车停车换乘布局更加有利于枢纽作为交通综合体功能的发挥，而传统的平面式机动车停车换乘布局除了不美观之外，还会造成换乘距离过场及冲突点多等问题。

停车设施的设置应遵循以下原则：

（1）停车场的大小必须满足交通需求量并保证行人的安全使用；

（2）停车场的收费标准应合理，以鼓励乘客转乘公共交通为目的；

（3）停车场的建造应力求减少对周围地区的不良影响；

（4）应配套建设立体垂直的换乘通道。

此外，为提高土地利用效率，城市客运交通枢纽的小汽车停车场通常均设置在枢纽的地下空间，由此而产生的私人交通换乘其他方式交通工具的步行人流流线设计及换乘通道的服务水平也应予以考虑。机动车停车场规模指在客运交通枢纽内机动车停车换乘所需的停车场的面积，具体计算公式为：

$$S_c = \frac{N_{c1}\bar{S}_{cp}}{P_c\lambda_1} \qquad (6\text{-}4\text{-}4)$$

式中：N_{c1}——高峰小时机动车停车换乘的客流量；

$\bar{S}_{cp}$——每辆车停靠所需的面积；

P_c——机动车的平均载客数；

λ_1——停车场的周转率。

4. 自行车停车场

自行车交通是城市交通的重要组成部分,且由于在缓解交通拥堵、降低污染物排放等方面具有的先天优势,越来越受到政府管理部门和出行者的重视。枢纽设计中应对自行车停车场做专门考虑。通常的自行车停车换乘可以分为路侧停放和集中停放两类(图6-4-6、图6-4-7)。

图6-4-6 自行车路侧停放

图6-4-7 自行车集中停放

自行车换乘量较小时,可以采用路侧停放式,而通过设置自行车停车场的集中式停放,显然可以适应自行车换乘量较大的情况。但无论是路侧式还是集中式停放,均应注意尽量缩短自行车换乘客流的换乘步行距离,并且应加强自行车的停放秩序,不应影响到枢纽的整体运营效率。

自行车停车场规模的计算与机动车停车场规模的计算相似,其公式为:

$$S_{bj} = \frac{N_{b1}}{P_{bi} \lambda_2} \tag{6-4-5}$$

式中:N_{b1}——到达枢纽的自行车车辆数;

P_{bi}——每辆自行车停车占用的面积;

λ_2——自行车停车场的周转率。

二、服务设施

1. 平面设施

1)通道

行人流的速度、密度和流量之间的基本关系与机动车流相似,即:

$$流量 = 速度 \times 密度 \tag{6-4-6}$$

上述流量变量为"单位宽度流量",若使用密度的倒数即行人空间为评价指标,可推导出如下替代表达式:

$$流量 = \frac{速度}{行人空间} \tag{6-4-7}$$

根据我国实际状况和行人交通特点,可将通道的行人服务水平分为五个技术等级,见表6-4-5。

人行通道服务水平标准　　　　　　　　　　表6-4-5

服务水平等级	服务水平标准
A	行人占用面积>3m²/人； 纵向间距3m，横向间距约1m； 速度1.2m/s； 通行能力1440人/(h·m)[360人/(15min·m)]； 有足够的空间可供行人自由选择速度和超越他人，亦可横向穿越与选择行走路线； 运行状态：可以完全自由行动
B	行人占用面积2~3m²/人； 纵向间距约2.4m，横向间距约0.9m； 速度1.1m/s； 通行能力1830/(h·m)[460人/(15min·m)]； 可较自由地选择步行速度和超越他人，反向和横向穿越要适当降低步速； 运行状态：处于准自由状态(偶有降速需要)
C	行人占用面积1.2~2m²/人； 纵向间距约1.8m，横向间距约0.8m； 速度1.0m/s； 通行能力2500/(h·m)[625人/(15min·m)]； 选择步行速度和超越他人有一定限制，反向与横穿行走常发生冲突，为避免碰挂，有时要变更步速和行走路线； 运行状态：个人尚舒适，部分行人行动受约束
D	行人占用面积0.5~1.2m²/人； 纵向间距约1.4m，横向间距约0.7m； 速度0.8m/s； 通行能力2940人/(h·m)[735人/(15min·m)]； 正常步速受限制，有时需调整步幅速度与线路，超越、反向与横穿困难，有时产生阻塞； 运行状态：行走不便，大部分处于受约束状态
E	行人占用面积0.5m²/人以下； 纵向间距约1.0m，横向间距约0.6m； 速度0.6m/s； 通行能力3600人/(h·m)[900人/(15min·m)]； 所有步行速度、方向均受限制，只能"跟着"人流前进，经常发生阻塞、中断，反向与横穿绝不可能； 运行状态：完全处于排队前进，"跟着走"，个人无行动自由

　　如果已知通道的行人流量和通道宽度等指标，即可对通道所处的服务水平进行评价。同时，在一定的通道流量下，要达到要求的服务水平，所需的通道有效宽度也可以通过计算得出。

　　影响通道通行能力的因素是通道可以利用的有效宽度。研究表明，乘客之间能够行进所需要保持的最小宽度是0.5m。一般来说，在墙或站台边缘应该扣除0.5m的距离，在障碍物边缘应该扣除0.3m的距离，包括达到1m高的墙。

　　2) 移动通道

　　移动通道在世界上很多国家的枢纽和运输中心都存在，特别是在机场更为常见。移动通道通常安装在大量乘客需要步行很长距离的地方，但是很少有通道的长度超过120m，对于更长的距离,需要有一系列的通道连接起来。

(1)设计因素

当设计移动通道时,需考虑到在每个方向的人流都是移动的。对于比较长的移动距离,乘客的流量在每个阶段上都是不同的。在移动扶梯平行的线路上要为乘客准备相应的普通行走通道,主要考虑以下两方面因素:

①为那些不能或不希望使用移动通道的乘客准备;

②当移动通道出现故障不能运行时,普通通道可以作为备用。

(2)移动通道的通行能力

移动通道的通行能力是由入口处通道的宽度决定的,因为它可以决定进入通道的人数。移动通道的运行速度仅决定当行人进入通道时所占用的空间。在移动通道上行走可以加快乘客的移动速度并减少行走时间,但是不影响通道的通行能力,因为它不影响行人走进通道的速度。同样,两部移动速度不同的移动通道的通行能力也是相同的。研究显示,相同宽度的电动扶梯的通行能力和移动通道的通行能力是相同的,大约 90 人/min 或 5400 人/h。

(3)估算步骤

计算移动通道的步骤与计算电动扶梯的步骤基本一致。如果预期的乘客流量超过移动通道的通行能力,就需要实地观测来进行宽度的计算。

3)站台

站台是指供乘客候车或上下列车使用的平台,其配置位置视车站类型及轨道布设方式而定,可在车站大厅的上方、下方或其侧边。站台上应有足够的宽度或面积。另外,引导乘客前往或离开站台的通道或垂直移动设施应适当布设于站台,以缩短乘客在站台上的步行距离,并可使乘客沿站台全长分散,避免产生区段拥挤。地铁车站通道的线型应力求简单与直接,避免转弯死角的产生,并且在区位上容易被辨认,最好同时与几个节点(如通往楼梯或自动扶梯)连贯,以提高乘客使用时的便利性、舒适性及安全感。

枢纽空间组织方式取决于线路的走向和相互交织形式。一般常见的交织形式有垂直交叉、斜交、平行交织等,但归纳到站台换乘空间组织方式,可分为同站台换乘、阶梯换乘、站厅换乘、通道换乘、站外换乘等基本形式。

(1)同站台换乘

同站台换乘一般适用于两条线路平行交织,而且采用岛式站台的车站形式,乘客换乘时,由岛式站台的一侧下车,跨过站台在另一侧上车,即完成了转线换乘,换乘极为方便。同站台换乘的基本布局可以在同一平面上布置,也可以双层布置。

同站台同平面换乘方式的车站分为双线双岛式和双线岛侧式站台。双线双岛式站台能满足同站台两条线两个方向的换乘,见图 6-4-8,香港地铁旺角站与太子站是双站同站台换乘的典型范例。双线岛侧式站台仅提供两条线一个方向的换乘,见图 6-4-9。这两种布置形式的其他换乘方向还需要通过站厅层换乘。

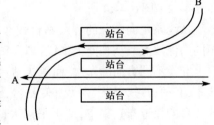

图 6-4-8 双线双岛式换乘

双线双岛式的 A 线也可以为前折返的终点站,两侧车门均可上下客,同时换乘 B 线的两个方向,如图 6-4-10 所示。站台同平面换乘方式用于某一方向换乘客流量大且应有较大的用地来布置的车站。

上下双层平行站台换乘方式的车站上下两层均为岛式站台,同侧的上下层为同一条线的上下行线,该形式的车站布置较为普遍(图6-4-11)。同一平面的两条路线为同一个方向,可以十分方便地进行换乘,另一个方向则通过一次上下楼梯便可以达到换乘目的。由两个上下站台换乘的站构成一个全方位换乘组合能更方便乘客的换乘。

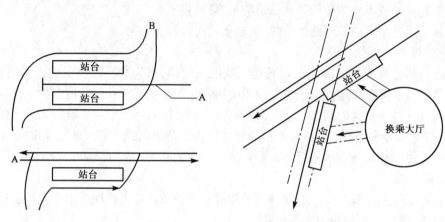

图6-4-9 双线岛侧式换乘　　　　　图6-4-10 站台同平面尽头式换乘站

(2)阶梯换乘

在两条线路的交叉处,将两线重叠部分的结构做成整体的结点,并采用阶梯将上下两座车站站台直接连通,乘客通过该自动扶梯或升降机及步行楼梯进行换乘,换乘高差一般为5~6m。需要注意上下阶梯的客流组织,需要根据换乘客流量进行阶梯通行能力分析,满足客流高峰时段的顺利通过,更应避免进出站客流与换乘客流的交叉紊乱。

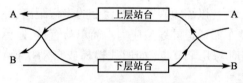

图6-4-11 同站上下行平行站台换乘

阶梯换乘方式根据不同线路车站交叉方式,分为"十"、"T"、"L"等布置形式。这三种形式在城市地铁环线与规划预留线之间采用较多,例如:北京市的西直门站为"十"形,复兴门为"T"形,积水潭为"L"形等。

阶梯换乘方式的关键在于阶梯宽度往往受岛式站台总宽度的限制,通过能力往往受到限制,使得阶梯换乘方式的适用范围受到局限。阶梯换乘一般适宜用于侧式站台间换乘,或与其他换乘方式组合应用,如图6-4-12~图6-4-14所示。

从线路走向区分的侧式站台候车和岛式站台候车具有不同的优缺点。从功能上来说,岛式站台候车便于客流在站台上互换不同方向的车次,而侧式站台客流一旦乘错方向要换车,必须通过天桥走到另一侧站台,给乘客带来不便,但侧式站台的轨道布置集中,便于采用大的隧道双线穿行,在城市地下工程不复杂的情况,有利于缩小地下工程,节约投资,但在城市地下工程复杂的情况下,其灵活性不够,不如上、下行单线隧道的适应性强。

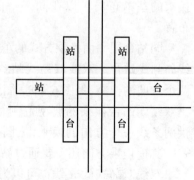

图6-4-12 侧式站台与岛式站台交叉

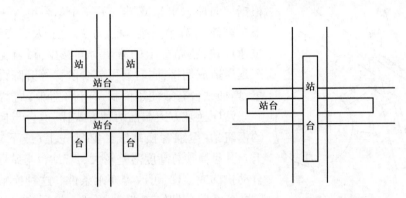

图 6-4-13　侧式站台与侧式站台交叉　　图 6-4-14　岛式站台与岛式站台交叉

地铁车站站台宽度可参照公式(6-4-8)、式(6-4-9)计算：

岛式站台宽度 $\qquad B_d = 2b + n \times z + t \qquad$ (6-4-8)

侧式站台宽度 $\qquad B_c = b + z + t \qquad$ (6-4-9)

其中 $\qquad b = \dfrac{Q_上 \times \rho}{N \times L} \times \alpha + b_a$ 或 $b = \dfrac{Q_{上下} \times \rho}{N \times L} \times \alpha + M$

式中：b——单侧站台候车区宽度(m)，即候车乘客驻足地带宽度；

n——横向柱数；

z——车站横向立柱装修后总宽度(m)；

t——人行楼梯与自动扶梯宽度之和(取最宽组值)(m)；

N——高峰小时列车对数；

$Q_上$——远期每列车高峰小时单侧上车设计客流量(换乘车站应含换乘客流量)；

$Q_{上下}$——远期每列车高峰小时单侧上、下车设计客流量(换乘车站应含换乘客流量)；

ρ——站台上人流密度，取值范围 $0.33 \sim 0.75 \mathrm{m}^2/$人；

α——超高峰系数；

L——站台计算长度(m)；

M——站台边缘至屏蔽门立柱内侧的距离(m)，一般取 $0.25\mathrm{m}$，无屏蔽门时，$M=0$；

b_a——站台边缘安全防护宽度，一般取 $0.4\mathrm{m}$，采用屏蔽门时以 M 替代 b_a 值。

单侧站台候车区宽度 b 的两个计算公式中，两者取大者，其含义是：

$[(Q_上 \times \rho)/(N \times L)] \times \alpha + b_a$ 是指列车未到站时，上车等候乘客只能站立在安全带之内，此时侧站台计算宽度是上车乘客站立候车所需的宽度加上安全带宽度；

$[(Q_{上下} \times \rho)/(N \times L)] \times \alpha + M$ 是指列车进站停靠后，上、下车乘客进行交换中，安全带的宽度已被利用，当站台采用屏蔽门时，b_a 用屏蔽门立柱所需宽度替代。

最终侧站台计算宽度应按以上两种不同工况下取其大者。采用上述两种不同工况下的算式对于早晚高峰客流比较大的车站，其结果差距明显。

4) 站厅

当两条线路相交的夹角较小，采用上下站台直接换乘有困难时，可设置两线或多线的共用站厅，相互连通形成统一的换乘大厅。乘客下车后，无论是出站还是换乘，都必须经过站厅，再

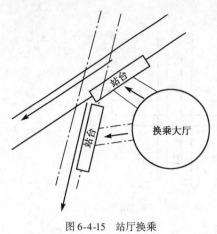

图 6-4-15 站厅换乘

根据导向标志出站或进入另一个站台继续乘车。由于下车客流到站厅分流,减少了站台上人流交织,乘客行进速度快,在站台上的滞留时间减少,可避免站台因行车延误造成拥挤,同时又可减少阶梯等升降设备的总数量,增加站台有效使用面积,有利于控制站台宽度规模。

站厅换乘方式与前两种方式比,适合于换乘规模大的枢纽站,但乘客换乘线路必须先上(或下)、再下(或上),并且换乘总高度落差较大。若站台与站厅之间设置自动扶梯或滚梯,可改善换乘条件。这种换乘方式有利于各条线路分期修建、后期形成。站厅换乘如图 6-4-15 所示。

站厅内各类服务设施的通行能力根据服务类型、设施类型的差别有所不同,具体可参考表 6-4-6。

站厅内服务设施的通行能力　　　　　　　　　表 6-4-6

部 位 名 称			通行能力(人/h)
人工售票口			1200
自动售票机			300
人工检票口			2600
自动检票机	三杆式	磁卡	1500
		非接触IC卡	1800
	门扉式	磁卡	1800
		非接触IC卡	2100
	拍打式	—	<5400

2. 垂直设施

1) 楼梯

楼梯的通行量在很大程度上受楼梯有效宽度的影响。楼梯的宽度决定了乘客之间的距离,乘客能够通过的列数,影响相邻的乘客的行进速度。但是楼梯行人的通行量与楼梯的宽度不是按比例上升的。一小股在相反方向行走的乘客都会引起整个楼梯乘客交通流量的大幅下降。因此,即使有一小部分在相反方向行走的乘客,也应该假设占用了楼梯一条行人的通道的宽度(0.75m)。

由于相比于乘客下楼梯,乘客上楼梯要花费更多的精力,所以在乘客上楼梯方向的乘客流动速度要小一些。由于这个原因,当同一台楼梯同时为双方向或主要为上楼梯方向服务时,设计的流动速度可以采用上楼梯方向的流动速度。

据调查显示,上楼梯的速度浮动范围是从 12m/min 到 21m/min,下楼梯的速度浮动范围是从 17m/min 到 31m/min。同时,楼梯倾斜的角度影响乘客的舒适、安全和行进速度。坡度较缓的楼梯在垂直方向会减少乘客的行进速度,在水平方向会增加乘客的行进速度并且会增加乘客的舒适度和安全感。

(1) 楼梯的服务水平分析

实际使用时楼梯的宽度是根据预测的楼梯的服务水平及乘客流量决定的。楼梯的服务水平根据乘客所占的平均空间及平均的流动速度决定。表 6-4-7 总结了楼梯的服务水平的标准。

乘客在楼梯上的服务水平 表 6-4-7

服务水平等级	人均占据面积 （m²/人）	单位宽度人流率 [人/(m·min)]	描　　述
A	≥1.9	≤16	足够空间提供了速度选择及赶超慢速行人的机会，反向人流造成了极少冲突
B	1.4～1.9	16～23	足够空间提供了选择速度的机会，赶超慢速行人有些困难，反向人流造成了很少的冲突
C	0.9～1.4	23～33	赶超慢速行人的速度受到轻微影响，反向人流造成了一些冲突
D	0.7～0.9	33～43	赶超慢速行人的速度受到限制，反向人流造成了显著的冲突
E	0.4～0.7	43～56	所有行人的速度都受到了限制。中途停顿时有发生，反向人流造成了严重的冲突
F	≤0.4	不定	过多的停顿造成人流完全停滞。人群向前的速度取决于速度最慢的行人

(2) 楼梯的设计

楼梯的坡度、踏步的深度与高度，以及表面材料的耐磨与防滑性等是设计时应考虑的重点。楼梯配置时除应考虑客流量外，还应考虑乘客步行距离，因为楼梯是垂直移动设施中最需要耗费体力的设施，其配置区位如需乘客大量步行，则容易造成乘客另觅其他垂直移动设施，导致该处楼梯因无人使用而丧失预期功能。

楼梯很大程度上是受其宽度影响的，楼梯宽度影响乘客通过缓慢移动的人群的能力和选择移动的速度。与通道不同，在相反方向较小的乘客流通就会影响楼梯的通过能力，因此，楼梯设计应该考虑方向性的流动。

如果乘客被迫只能在很拥挤的空间内时，乘客在楼梯的尽头可能引起排队现象。这同样是枢纽楼梯设计中应该考虑的重要问题。

设计楼梯时，下列因素需要进行考虑：

①在所有的楼梯处应该为乘客提供足够的空间。

②楼梯踏步高度应该小于 0.18m，以减小乘客精力耗费。

③当楼梯的宽度与走廊宽度相同时，楼梯的交通容量要低于走廊的容量，这是通道设计的控制因素。

④当一小股在相反方向行走的乘客在楼梯上流动时，主流动方向的宽度减小一个行人通道或 0.75m。

决定楼梯宽度的步骤是以楼梯的服务水平为标准的。对于正常的使用，楼梯的服务水平应该取"C"级或"D"级以上。楼梯宽度的计算步骤如下：

①根据预先设置的服务水平，选择乘客的最大流通速度。

②估算一个方向高峰小时 15min 的最大乘客流量。
③计算 1min 内乘客的流量。
④将 1min 内乘客的流量除以乘客的服务水平,得到所需的楼梯的宽度。
⑤将计算的楼梯宽度加上 0.75m,在有相反方向的乘客流通时使用。

(3)楼梯的通行能力

对于已确定宽度和设计服务水平的楼梯,可以按如下步骤计算通行能力:
①根据相应的服务水平的通行能力乘以相应的楼梯宽度,计算楼梯设计的通行能力。
②根据楼梯的流通形式,向下调整楼梯的通行能力的 10%~20%;当乘客只有一方向流通或两方向的乘客流通相当时,可不对楼梯的通行能力进行折减。
③将 1min 乘客的通行能力乘以 60,得到 1h 内楼梯乘客的通行能力。
④楼梯排队区域的大小。
⑤利用以上步骤计算楼梯的通行能力。
⑥通过统计得到乘客一次到达楼梯处的最大需求量。
⑦将乘客到达的需求量减去楼梯的通行能力得到超出通行能力的量。
⑧将超出部分的客流量乘以 $0.5m^2$ 得到还需要的排队的面积。

2)自动扶梯

(1)设计要素

自动扶梯用于将站台与枢纽其他部分分开,已经在绝大多数客运交通枢纽中得到了应用,一般来说自动扶梯是对楼梯的一种补充,这两种设施通常相邻设置。

自动扶梯的通行能力取决于扶梯的宽度和扶梯的行进速度。电动扶梯的倾斜角度一般为 30°左右,宽度为 0.6~1.1m,运行速度是 27.4m/min,更高的速度有 36.6m/min。这些运行速度都是在行人平均运行速度范围之内的。

研究表明,将自动扶梯的运行速度从 27.4m/min 提升到 36.6m/min,可以使扶梯的通行能力增加 12%。但是当乘客在移动的自动扶梯上行走时,并不能提高扶梯的通行能力,这是由于行走的乘客一次占用两个台阶,因此减少了扶梯站立乘客的能力。

对于自动扶梯来说,如果乘客数量超过了自动扶梯的通行能力,两边都有可能形成排队现象。在自动扶梯两侧留有一定空间是很重要的。在自动扶梯两侧留有的空间一定要超过自动扶梯的宽度,以便乘客能够尽快地通过扶梯。

(2)自动扶梯的通行能力

自动扶梯制造商是以踏步 100% 的利用率来计算自动扶梯的通行能力的。研究表明,100% 的利用率是不可能的。表 6-4-8 列出了不同类别自动扶梯的实际通行能力。

自动扶梯实际通行能力 表 6-4-8

自动扶梯类别	宽度值(m)	倾斜的行进速度(m/min)	名义上的通行能力	
			(人/h)	(人/min)
单倍宽度	0.6	27.4	2040	34
		36.6	2700	45
双倍宽度	1.0	27.4	4080	68
		36.6	5400	90

(3) 估算步骤

自动扶梯的数量可根据自动扶梯的宽度和速度计算得到,具体步骤如下:

①估算高峰时期 15min 内自动扶梯乘客的流量。

②将 15min 内乘客的总流量除以 15,得到 1min 内的设计乘客流量。

③根据自动扶梯的宽度和速度,确定名义上的通行能力。

④将设计的乘客流量除以自动扶梯的通行能力,得到所需的电梯数量。

⑤排队区域的大小。

即使乘客的需求量小于名义上的通行能力,也要考虑在自动扶梯处排队的可能性。当乘客需求量超过自动扶梯的承载能力或乘客间歇性到达或者乘客携带行李和包裹时都会产生排队现象。对于这些情况,应该在自动扶梯附近设置足够的空间,以每人 $0.5m^2$ 计算。下面是建议的在自动扶梯处应该留放的空间的计算步骤:

①计算自动扶梯的通行能力。

②通过估算每次到达电梯处乘客的最大流量计算乘客的最大需求量。

③将自动扶梯的需求量减去自动扶梯的通行能力,就是现有自动扶梯的不足。

④用扶梯的不足乘以 $0.5m^2$,得到在扶梯处需要预留的空间大小。

3) 电梯和升降机

(1) 设计要素

电梯和升降机是所有新建或经过改进的枢纽站中都需要安装的重要设施,电梯一般在站台的一端或中间设置。枢纽内的电梯主要为高龄、行动不便、搬提重物者以及孕妇等乘客而设置,电梯内还应附设语音系统配合操作盘上的点字系统辅助视障乘客,在电梯侧墙上安装供行动不便乘客使用的扶手、专用操作盘以及语音系统,方便乘客使用。

(2) 电梯的服务水平

电梯系统的服务水平是以乘客候梯时间和乘客拥挤水平为依据的。乘客在电梯处可以忍受的候梯时间一般为 30s 左右。在电梯中考虑轮椅的可操作性是很重要的,在拥挤的情况下考虑对轮椅的运输更为重要。

(3) 估算步骤

在估算电梯的候车时间时,最大和平均候车时间都要估算。单部电梯的最大候车时间是从电梯的启动时间开始,从中间做几次停留,最后回到起始位置的最大时间。一般来说,平均候车时间是最大候车时间的一半,多部电梯的候车时间取决于他们之间的相互协作情况。如果用电子设施控制电梯的运行,乘客的候车时间会有所减少。

电梯系统的通行能力是由以下四个方面因素决定的:

①乘客的进出模式。

②乘客的特性,包括行李,自行车和轮椅等。

③电梯运行时间。

④电梯的实际通行能力。

乘客上下电梯的时间是由电梯门的宽度和乘客是否搬运行李决定的。电梯的运行时间是根据电梯的运行特点决定的,包括以下几方面因素:

①电梯运行距离。

②电梯运行速度。

③电梯最大加速度和减速度。
④电梯开门和关门时间。

对于特定的电梯,以上数据是定值。电梯实际通行能力受到以下几个方面因素的影响:
①冬季厚重衣物占用的空间。
②行李等占用的空间。

厚重衣物及行李的存在增加了每位乘客占用的空间,减少了上下乘客占用的空间。虽然电梯在最拥挤时的人均面积在 $0.17m^2$ 左右,但是绝大多数人需要 $0.28m^2$ 才会感觉比较的舒服,这也是合适的电梯设计标准。

轨道交通各部位的最小宽度及最小高度可参照相关设计规范执行,具体见表6-4-9、表6-4-10。

轨道交通站台各部位的最小宽度　　　　　　　　　　　表6-4-9

名　称	最小宽度(m)
岛式站台	8.0
岛式站台的侧站台	2.5
侧式站台(长向范围内设梯)的侧站台	2.5
侧式站台(垂直于侧站台通道口)的侧站台	3.5
通道或天桥	2.4
单向公共区人行楼梯	1.8
双向公共区人行楼梯	2.4
与自动扶梯并列设置的人行楼梯(困难情况下)	1.2
消防专用楼梯	0.9
站台至轨道区的工作梯(兼疏散梯)	1.1

轨道交通站台各部位的最小高度　　　　　　　　　　　表6-4-10

名　称	最小高度(m)
站厅公共区(地面装饰面至吊顶面)	3.0
地下车站站台公共区(地面装饰面至吊顶面)	3.0
地面、高架车站站台公共区(地面装饰面至风雨棚)	2.6
站台、站厅管理用房(地面装饰面至吊顶面)	2.4
通道或天桥(地面装饰面至吊顶面)	2.4
人行楼梯和自动扶梯(踏步面至吊顶面)	2.3

三、附属设施

1. 设施类别与标准

客运交通枢纽信息类设施是指设于枢纽内部、出入口及周边换乘通道,引导行人,乘车及使用各种公共设施的带有文字、图像、声音信息标志的总称。规范有效的信息类设施设置是其他设施发挥效能、枢纽内乘客高效换乘的关键。信息类设施根据其功能可以分为指路标志、指示标志、警示标志和信息地图四类,这四类设施的功能与包含的典型设施如表 6-4-11 所示。

信息类设施主要内容　　　　　　　　　　　　　　　　　　　　　表 6-4-11

类　别	功能介绍	位置关键	典型设施
指路标志	通过箭头等指示通往特定场所及设施等的标识	所表达信息是多数利用者共同需要的内容	进站引导标识、出口引导标识、公交车站引导标识、出租车乘车区引导标识
指示标志	表示这是哪里或者这是什么的标识	所表达信息是多数利用者共同需要的内容	进出站口位置标识、候车室位置标识
警示标志	敦促人们注意安全及遵守秩序的标识	所表达的信息能被多数人读懂	乘客不得入内标识
信息地图	为利用者选择路线提供必要信息的标识	记载的信息需要有丰富的内容以满足利用者多样化的需求	站场地图、枢纽周边道路图、周边公交线路指示图

信息类设施只有让使用者看见,才能实现其价值,因此,信息类设施设置的位置不同,其效果也大不相同。世界上各个国家在设置信息类设施时,大体思想相同,但根据各国使用者的特点而略有差别。表 6-4-12 是日本、中国台湾等国家和地区信息类设施设置的标准。

各地区信息类设施设置标准比较　　　　　　　　　　　　　　　　表 6-4-12

设置标准	日　本	中国台湾
视距(m)	20~25(远) 4~5(中) 1~2(近)	20~25(远) 4~5(中) 1~2(近)
悬挂高度(mm)	2200~2500	2500~3000
连续间距(m)	40~50	50
最小宽度(mm)	600	900

2. 布局方式

结合客运交通枢纽的特点来设置信息类设施,从系统的角度来讲,信息类设施布局有以下三种类型:

(1)投网配置

该形式适用于乘客走动的起点和终点都不确定的区域,往往在较为开阔的地方设置,例如在枢纽内部的换乘广场,如火车站前广场、汽车客运站的站前广场等,该形式的配置图如图 6-4-16 所示。

(2)阶层配置

该形式适用于利用者确定起点、不确定终点的区域,如枢纽的进出口,这种起点相同但目的地多样的区域,其配置形式如图 6-4-17 所示。

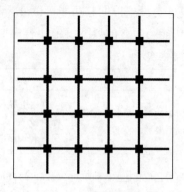

图 6-4-16　投网配置　　　　　图 6-4-17　阶层配置

(3) 线条配置

对于起点、终点确定的区域,可采用这种配置形式,其配置形式如图 6-4-18 所示。

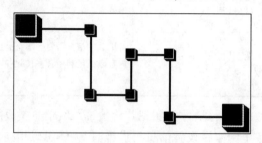

图 6-4-18　线条配置

思考题

1. 设计客运交通枢纽的换乘设施时应把握什么设计原则?
2. 枢纽换乘设施共分为哪些类别?
3. 换乘设施需求调查的方法有哪几种?主要内容是什么?
4. 乘客在楼梯上的服务水平可分为几类?其分类依据及状态是什么?

第七章
客运交通枢纽交通组织设计

合理的交通组织是客运交通枢纽规划设计的重要内容。通过科学设计交通流线组织，可以使枢纽人车运动过程实现时间上、空间上的最佳结合，有效提高枢纽运营效率与安全水平。

第一节 客运交通枢纽交通组织概述

一、客运交通枢纽交通组织的定义

在客运交通枢纽运行过程中，由于乘客、行包、交通车辆等进出活动，形成一定的流动过程和流动的线路，通常称为流线。流线设计的好坏，不但影响换乘设施的作业能力和效率，同时也关系到对乘客服务质量的优劣以及客运人员工作是否方便等问题。

客运交通枢纽交通组织是指旅客、行包和车辆在枢纽内集散换乘流线的规划和设计。枢纽以其巨大的规模、复杂的功能吸纳了大量客流，如何科学有效地完成人车流线的组织设计是枢纽设计成功与否的关键。交通组织的影响因素主要包括客流数量、枢纽设计规模、建设选址、设施布局等。

二、客运交通枢纽交通组织的目的和要求

一般提到客运交通枢纽,人们都会想起一些火车站,进而想到它的交通秩序混乱,客流组织不力。究其原因,虽然有设施不完善不到位的问题,但主要是由于交通组织不科学引发的。科学的枢纽交通组织,应该是路权分明、流向顺畅、流线轨迹尽量避免交叉冲突的。

客运交通枢纽交通组织就是要区分各种流线的性质及目的,将枢纽设施或交通空间结合建筑总体的功能与空间布局统一进行规划和设计,合理安排多种交通方式在客运交通枢纽的布局和规模,在避免枢纽内交通冲突和混乱的基础上,实现枢纽内各种交通方式的相互配合与协调,减少拥挤人群的安全隐患,使各种交通方式衔接流畅,旅客换乘安全方便,使枢纽达到和谐有序的动态平衡状态。因此,枢纽交通组织的基本目的是通过合理有效的交通组织设计达到运输服务水平的改善和交通系统整体效率的提高,构建"人性""高效""安全"多方式和多层次的"一体化出行服务体系",最终实现出行者、运营单位、城市和交通系统协调受益的目的。

三、客运交通枢纽交通组织设计的指导思想和原则

客运交通枢纽的交通流线繁多,合理地组织各种流线,不仅是枢纽规划设计首要解决的问题,也是枢纽运营组织管理的重要内容。

1. 客运交通枢纽交通组织设计的指导思想

(1) 以人为本,换乘便捷,方向明确。
(2) 交通组织安全、通畅、快捷、有序。
(3) 环境优美、空间环境协调。

2. 客运交通枢纽交通组织设计的原则

(1) 树立以人为本的宗旨,围绕铁路、轨道交通、公共交通等多种客流的需求,合理布置客流集散点、进出站及换乘旅客的出行方式,最大限度地方便旅客的集散和换乘。

(2) 利用有限的空间,结合枢纽的广场空间和周围规划路网合理组织交通,重点协调枢纽广场与道路之间进与出的问题、枢纽广场内局部交通与道路交通的不同通行要求和交通量的问题,使得进出枢纽广场和经过广场的交通安全、通畅、快捷、有序。

(3) 合理布置广场空间,注意环境效应,重点协调广场交通与景观的协调问题,提高景观效果。

(4) 相应配套设施布局协调统一,进出口合理通畅,做到功能齐全,运行可靠,经济合理。

(5) 交通组织设计方案力求做到交通均衡、机动车单向交通、广场内交通基本无冲突、乘客出行行程最短、上下客(进出站)分流、与周边交通体系相协调,广场内交通在广场内运行、集中布置、统一管理等。

四、客运交通枢纽交通组织的主要内容

客运交通枢纽的交通组织决定了枢纽的整体功能水平,同时也是影响建筑方案设计的最主要的因素之一。简单地说,客运交通枢纽交通组织就是要把不同性质、不同方向的交通流分

开,实现多方式交通快速、安全通过,使枢纽充分发挥起高效、快捷、舒适的功效。客运交通枢纽交通组织的主要对象为车流和客流。

1. 枢纽机动车交通组织

在进行客运交通枢纽机动车交通组织之前,首先介绍静态交通组织和动态交通组织的概念。静态交通组织主要解决交通资源配置问题,针对机动车而言主要表现为各种机动车在枢纽的停车布局、规模等;动态交通组织主要任务是交通流分配以及指挥疏导,确保路网发挥最大效能,针对机动车而言,主要表现在进出流线组织和运营调度等。

一般来说,客运交通枢纽内需要进行交通组织的机动车辆是指轨道交通、公交车、出租车、长途车和社会车辆等,针对不同的机动车辆,其交通组织的内容也不甚相同。各种机动车在客运交通枢纽中都有其相应的布局位置,规划各种车辆的停靠位置和场所是枢纽客运站静态交通组织的主要研究内容,停车场的设置是否合理直接影响着枢纽交通组织的有效性,同时也关系到枢纽周围的交通秩序。

车辆流线组织是车辆动态交通组织设计的主要内容,要求合理组织各种车辆进入客运交通枢纽的路线,做到进站容易、出站方便。尽量使每辆车的行驶路线(进站—下客—停放—上客—出站)互不干扰、各行其道,并保证其他辅助交通方式的行驶路线互不干扰。另外,为保证各交通方式之间的协调组织,还需要加强各交通方式的管理和运营调度,保证枢纽在高峰时刻能够及时集散各种客流。

2. 客运交通枢纽客流交通组织

客流交通组织研究的主要内容是非机动车交通组织。城市客运交通枢纽集聚了各种交通方式换乘的各种客流。服务对象以行人为主是客运交通枢纽的一个显著特征。在考虑枢纽的交通组织时,不能只局限于对车辆交通的研究,还需要分析各种交通方式换乘客流的流向和流量,使乘客以便捷的路径到达目的地或进行换乘,此时各交通方式的换乘客流应避免相互交叉干扰,同时做到分区清晰、连通便利,使乘客在客运交通枢纽不至于迷失方向。

第二节 客流交通组织设计方法

随着客运交通枢纽的立体化发展,坚持以人为本的原则,设置步行通道和自动扶梯,加强乘客信息引导系统,并设置无障碍人行通道,缩短步行距离,使乘客不出枢纽就能方便换乘各种交通方式是目前的交通枢纽组织设计的发展趋势。

客运交通枢纽客流交通组织的原则:应以旅客流线为主导,将各种流线分开,各行其道,避免交叉;最大限度地缩短旅客在站内的步行距离,避免流线迂回,尽量缩短旅客进站和出站路线长度;尽量避免出站人流拥挤,在大型枢纽内要布置多出口,以最快速度疏散旅客;考虑城市地铁、轻轨、主要干道的布置,主要人流、车流的分布,处理好枢纽布局与城市交通流线的衔接问题;既要考虑水平方向流线组织,亦要考虑垂直方向人流组织,水平与垂直方向人流不应相互交叉。对于大型客运交通枢纽,还应考虑分层组织旅客流线。

枢纽内乘客的基本行为路线见图7-2-1。

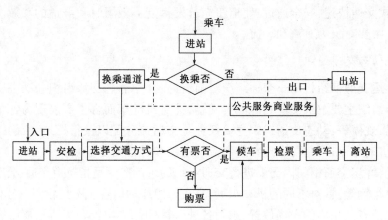

图 7-2-1 枢纽内部基本行为路线图

一、客流流线组织设计

1. 与轨道交通衔接的客流流线组织

客运交通枢纽与轨道交通的换乘客流量较大,需要通过合理地利用有关设施设备,对客流采取有效的分流和引导措施来组织客流换乘流线。如果不加以重视,就容易引起人流的交叉混乱,导致换乘不流畅,给旅客带来极大的不便。

由于轨道交通与枢纽的布局形式及换乘设施的衔接方式有多种,因此它们之间的换乘流线组织也相应存在多种情况。轨道交通与枢纽之间的乘客换乘流线可以分为六大类:①轨道换乘枢纽客流;②轨道客流但不换乘枢纽客流;③枢纽换乘轨道客流;④从枢纽出站,但不换乘轨道交通的客流;⑤其他交通方式换乘轨道交通客流;⑥其他交通方式换乘枢纽客流。其换乘中转示意图如图 7-2-2 所示。

图 7-2-2 轨道客流与枢纽客流换乘种类

对换乘流线的组织而言,上面所述六类旅客流线中,对前四类应当加以重视,后两类的客流尽量与前四类客流完全隔离分开。下面所研究的旅客流线组织重点研究前四类客流,以通道换乘为例来说明旅客流线组织的方法及原则。

对于具体每一类的客流,由于每一类客流中也有个体的差异,如持票时间及方式、个人喜好等,所以它们的流线也有所不同。一般的乘客换乘流线关系如图 7-2-3 所示。

A_1 流线表示旅客到达客运交通枢纽站后经检票直接通往轨道换乘通道,然后再经过轨道车站的检票直接上站台候车,此类客流一般是事先买好轨道交通车票或持有轨道交通乘车卡的旅客;A_2 流线表示枢纽客流间接换乘轨道交通客流,由于旅客没有事先买好轨道交通车票或没有乘车卡,他们只能通过客站检票后进入轨道车站站厅,购买车票后再上站台候车;A_3 流线表示枢纽客流不换乘轨道交通;A_4 流线表示其他交通方式到达轨道车站需要换乘轨道交通。B_1流线代表轨道直接客运交通枢纽客流,旅客到达轨道车站下车后经检票直接通往客运交通枢纽站换乘通道,此类客流是事先买好客运交通枢纽票的旅客;B_2流线代表轨间间接客运交通枢纽客流,与B_1流线的旅客不同的是,到达枢纽站时,先进入客运站候车厅,等候检票然后进站上车,这里的候车厅可以是车站单独为轨道客运交通枢纽客流而设置,也可以是枢纽客运站普通的候车厅;B_3流线表示轨道客流不换乘客运交通枢纽;B_4流线表示其他交通方式到达客运站换乘到客运交通枢纽。

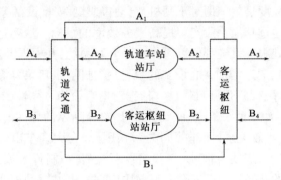

图 7-2-3 通道换乘客流流线组织

上面所述通道换乘的六类客流中,A、B流线方向相反,容易产生交叉干扰,最好是组织单向流线通道,当设施条件不够时也尽量采用物理隔离措施。其中,A_1、A_2流线通道有条件时也采用单向流线措施,当设施条件不够组织单向通道流线,两流线在检票进入站台前可以共用一个通道;同理,B_1、B_2流线的组织也类似于A_1、A_2流线。

2. 与公交衔接的客流流线组织

地面公交与客运交通枢纽衔接的模式有放射—集中衔接模式、途经—分散衔接模式、综合衔接模式,相应的乘客流线也分为三种。

对第一种衔接方式的客流流线组织,由于公交停车场布设在客运交通枢纽周围,乘客步行距离较短,所以下客处尽量设置在进站口附近,乘客下公交后直接步行进入枢纽站内,上客处设置在出站口附近,乘客出枢纽后可直接步行换乘公交车辆,基本采用下车—步行—进站、出站—步行—上车的流线模式,组织这种流线时应避免进出流线的交叉。这种流线模式优点是步行距离短,缺点是造成客运交通枢纽附近客流密集,此时应尽量避免公交站点集中布设。

对第二种衔接方式的客流流线组织,由于是过境公交线路,停靠站点的位置就离车站出入口有段距离,且由于公交线路的双向性,所以必然会有一个方向的流线穿越主干道,流线组织的重点就是合理引导这一流线过街。其优点是公交车不需要进入客运交通枢纽太近的区域,减少枢纽地区的压力,缺点是从这里下车换乘枢纽的乘客步行距离过长,有可能要过街之后才能进入枢纽,降低了换乘安全性。此时有条件的应该设置人行天桥或者地下通道供乘客行走。

对第三种衔接方式的客流流线组织,由于一部分乘客至公交始发点乘车,一部分至公交中途站点乘车,流线组织的重点是避免这两种客流的交叉混行,比如可以在枢纽出站口设置诱导标志和隔离设施将不同流向的乘客分开。

3. 客流流线组织措施

针对客运交通枢纽行人流特点,常态下枢纽客流组织可以采取以下措施:

(1)人工进行流线分离,避免交叉。因客运交通枢纽在规划设计或建设时空间局限或某些特殊原因,可能会在运营过程中出现不同群体的流线交叉或重叠,由此导致客流之间的相互干扰,尤其是在当枢纽出现较大客流时,还可能产生严重安全隐患。在实际运营过程中,管理部门可以根据实际客流情况,采用栏杆、隔离带等进行分区,再分配专门的工作人员,引导乘客分流,以减少客流的交叉冲突,提高运营效率。

(2)提高设施服务效率以保障流线顺畅。除行人流量和枢纽布局外,行人在站内的行程时间主要受到设施的服务时间的影响,行人流易在设施节点处产生瓶颈,这时需要提高设施的服务效率,避免行人流高度聚集。但对于闸机、自动售票机、安检设备等,其服务效率是由自身性能参数决定的,只能通过其他手段实现提高服务效率的目标。从客运交通枢纽的服务设施的布局特点来看,每一处服务设施都可以看作一个并联系统,并根据并联系统的特点(并联数量越多、整体效率越高),通过增加并联设施的数量(增加闸机、售票口等)提高设施服务效率。

(3)控制行人到达率,保障设施可靠性。根据对枢纽设施可靠性的研究可知,较高的行人到达率会使设施可靠性大幅度下降,进而产生如图7-2-4所示的恶性循环过程(图中虚线表示所链接的两部分之间是等效关系,而非等同关系),因此,在大客车出现期间可以在服务能力薄弱的设施的上游(按行人流线方向)人工设置绕行障碍,控制行人流的到达率,提高薄弱节点的通过率,保障流线的顺畅和运营安全。目前国内部分大城市的枢纽在高峰期经常采用的是在站外入口处设置绕行栏杆的限流措施。但值得注意的是,这一措施不应该作为一种长期方案,因为它在一定程度上影响了行人的步行舒适度、延长了走行时间,易导致乘客对枢纽服务满意度的下降。

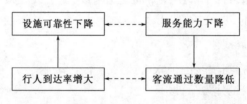

图7-2-4　设施可靠性与行人到达率的相互影响

二、客流交通组织要点

1. 日常客流组织

枢纽日常客流组织主要包括出入口组织、售票组织、乘降组织、限流组织和恶劣气候条件组织等。

(1)出入口组织

①出入口组织应该结合实际的客流状况,当枢纽设施能够满足客流需求时,采用正常的组织方法,即各出入口全部开放,进出站双向使用,必要时可在出入口处或楼梯上设置分流设施,保证进出站客流不相互干扰,不发生客流冲突。

②对于经过通道与站厅连接的出入口,当客流较大时,可在通道内进行排队组织,当客流过大时,需在出入口外进行限流组织。

③对于与商场、单位连接的出入口,应考虑客流组成和出行特征,当客流较大时,应按照协议与相关单位共同制订的措施进行组织。

(2)售票组织

①乘客购票时可用半自动售票机或自动售票机购票。在半自动售票机前组织乘客有序排

队购票、充值。

②枢纽内可利用导流带等设施进行排队组织,排队方向应以不影响其他乘客通行为宜。当人工售票处排队乘客较多时,可宣传疏导乘客到自动售票处购票。必要时,可使用空闲的半自动售票机预制车票,提高售票速度,减少排队长度。

③在自动售票机前组织乘客购买时,要尽可能充分利用售票机,分散购票,避免乘客大量集中于少量售票机处。当需要排队时,可利用枢纽内客流较少的空间进行组织。

④单程售票量较大的客运交通枢纽,可在低峰时段预处理车票,高峰时可直接售票,减少发票时间。

(3) 乘降组织

①当乘客到达枢纽站台后,应向乘客宣传"根据车门标志线的位置排队等候"。

②对于没有屏蔽门的枢纽,应宣传"请站在黄色安全线以内候车,不要探身瞭望,以免发生危险"。

③当列车进入枢纽时,应关注乘客安全。有屏蔽门的枢纽,要防止乘客倚靠或手扶屏蔽门,避免屏蔽门开启时乘客被夹伤或摔倒。没有屏蔽门的枢纽,要确保乘客均站在黄色安全线以内,特别要注意枢纽的站台车尾位置,避免乘客跳下或跌下站台,发生危险。

④列车门开启后,应组织乘客先下后上,请候车乘客站在车门两侧,待下车乘客下车后,再上车,避免乘客拥堵,提高乘降效率。

⑤当关门提示铃响后,应阻止乘客抢上,请其等待下次列车,防止车门夹伤乘客和影响列车正点发车。

⑥当车门关闭后,要观察车门关闭状况,当发现车门或屏蔽门未正常关闭时,若由于乘客或物品被车门夹住时,应劝导乘客等候下次列车或征求乘客同意后帮助其完全进入车厢;若为设备原因,应按相关作业办理程序进行处置。

⑦对于楼梯边缘与站台边缘较近的情况,应尽量疏散乘客不要在此处滞留,保证足够的通行空间,防止此处拥挤,出现意外。

⑧加强对站台四角的巡视,防止乘客进入区间。

⑨乘客物品掉入道床,要阻止乘客跳下站台捡拾物品,及时使用工具为乘客提供拾捡服务。

(4) 限流组织

①减缓进站速度。

采用减缓进站速度的限流方式时,站务员可将出入口或通道的使用宽度缩小,售票员可采取减缓售票速度等措施。

②分批放入。

采用分批放入组织时,站务员在出入口等控制点关闭大门,短时间组织乘客进站,并根据值班站长指示,分阶段将乘客放入。

③出入口单向使用。

采用出入口单向使用时,站务员在站厅或站台进行宣传组织,引导出站乘客由指定出口出站;同时,在只出不进的出入口外,阻止乘客进站,引导到指定入口进站。

④封闭出入口。

采用封闭出入口时,站务员到各出入口关闭大门,阻止乘客进站,允许乘客出站,并向乘客解释车站状况,疏导乘客乘坐其他交通工具。

⑤换乘限流。

采用换乘限流时,站务员到换乘通道两侧,阻止或限制乘客换乘,引导乘客由指定路径进行换乘或引导出站。

(5)恶劣气候条件组织

①要经常巡视出入口的地面,观察天气状况。

②在出入口铺设防滑设施及时清理站内湿滑地面,避免乘客摔伤。

③加强出入口的宣传疏导,提高乘客出站速度,并提示乘客防止滑倒。

④地面线及高架线车站要密切关注车站建筑设施漏雨及渐雨情况,采取有效的措施进行控制,向乘客做好宣传解释工作,保证乘客乘降安全。

(6)客运组织的辅助设施

客运组织的辅助设施主要有导流带、警戒带、活动围栏、固定围栏、临时公告、临时导向牌等。

在日常导流围栏组织时,应着重关注围栏末端。通常围栏末端拥挤状况较为严重,对围栏的冲击较大,也易造成乘客伤害等问题,因此要组织乘客有序排队。当乘客较多时,应使用导流带或警戒带等设施延长导流围栏,要使乘客能够在围栏中排队等候。此外在围栏拐角、变窄等位置,同样需要注意,避免拥挤造成不良后果。

2. 大客流组织

大客流事件是指城市客运交通枢纽在交通运营中由于某些特殊因素在某一单位时间内候车、停留的乘客超过了其设计许可的客流容量,并有继续增加的趋势,在此情况下如不采取紧急措施将极有可能发生人员伤亡事故或意外事件。

大客流的组织应在保证客流安全的前提下,尽快地疏散客流。大客流组织的主要措施包括:

(1)增加枢纽车辆的运能。根据大客流的方向,在大客流发生时,利用就近的公交场站、列车折返线、列车存车线组织列车运行方案,增加列车运能,从而保证大客流的疏散。列车运能的增加是大客流组织实现的关键。

(2)增加售、检票能力。售、检票能力不足是大客流疏散的主要障碍之一,车站在设置售、检票位置时应考虑提供疏散大客流的通道。在大客流疏散时,可采取事先准备足够的车票,在地面、通道、站厅增加设置售票点,增设临时检票位置等措施来疏散大客流。

(3)采取临时疏导措施。在大客流组织中,临时合理的疏导对客流方向进行限制是一项很重要的组织措施,主要包括出入口、站厅的疏导,站厅、站台扶梯以及站台的疏导。出入口、站厅的疏导主要是根据临时售、检票位置的设置,限制客流的方向,来保持通道的畅通和出入口、站厅客流的秩序。站厅、站台扶梯以及站台疏导主要是为了尽量保证客流均匀上下扶梯和尽快上下列车,保证站台候车的安全。疏导措施主要有设置临时导向、设置警戒绳、采用人工引道以及通过广播宣传引导等。

(4)关闭出入口或进行进出分流。大客流往往是难以预测的,因此为了保证大客流发生时疏散客流的安全,在难以采取有效的措施及时疏散客流时,可采取关闭出入口或对某部分出入口限制乘客进入车站的措施来阻止一部分客流进站,延长大客流疏散时间。

制订应急处置方案的目的之一就是希望能够将事故控制在事故发生初期,尽量减少损失,降低影响。大客流应急预案设计思路如下:

(1) 人员安排

①提前排班。

客运交通枢纽根据预测的客流量,有计划、系统地做好大客流期间的排班;将本站客流的高峰期通知每位员工,以便做好准备。

②人员调整。

车站分析本站高中低峰期的变化,合理调整人员,在有限的人员情况下,尽量在高峰期安排充足人员,在低峰期安排较少的人员上岗,部分车站可考虑一端售票亭迟开窗、早关窗,各站的售票亭开放时间如有改变则需及时上报客运、票务管理部门备案。

③值班负责人员全面指挥。

受大客流冲击的车站,运营人员要及时了解进出站客流的情况,及时采取措施,合理调整岗位和安排人员,各岗位间要保持密切关系。

站厅工作由值班站长负责,做好各应急票点增减工作,统计应急票的数量;安排站务员工顶岗、换岗工作等。在大客流冲击的情况下,负责人员要及时采取措施,不要等到场面混乱时才进行人潮控制,要将有限的车站员工调配好,客运服务人员到站厅、站台协助,保证最紧迫地点(如出入口、乘客拥挤处)有足够人员。

④确保客流顺畅。

为了顺利组织大客流,车站需在确保正常运作基础上,对重点岗位如售票亭等,增设一定量的人员,积极主动多看、多巡、多引导,避免出现出入口堵塞或票亭、进出闸机前排长队现象,以保障客流的顺畅。休息的员工在家备班,保持通信工具畅通,在遇大客流且车站人手不足时,休息的人员要及时上班。

(2) 备品准备

为做好客流组织的各项工作,提前做好组织大客流的准备工作,根据客流预测确保必要的客运设施重置、无故障,如:临时票亭、铁栏杆、标志牌、对讲机、手提广播等,便于维持站台秩序、单向引导客流或应付临时控制进站人数等情况。

(3) 现场组织要求

①票务处功能相对分开。

各站可根据客流实际情况,在票务处挂牌,清楚列明票务处的功能,并通过人工广播给乘客清晰的指引。大客流时,票务处用于出售/处理单程票,及为储值票加值;另增设一定数量的兑零点和问询点,可以减少乘客排队时间,有利于客流组织。

②增开售票/兑零窗口。

售票员先处理付费区乘客,并礼貌请等候的乘客稍候。票亭排队人数过长时,立即请示值班站长增加人工售票和兑零。根据车站 15min 进闸客流量,车站值班站长考虑票亭开多窗口服务、增设售票/兑零窗口。

③应急售票情况。

当售票点、兑零点及自动售票机已无法满足乘客购票时,可采用在窗口制票机上出售单程票,并做好乘客的引导工作,避免车站站厅出现不均衡的购票人群。

(4) 客流引导

①做好车站员工间信息的传达。

为避免错误引导乘客,车站各岗位员工应加强信息的传达与沟通。车站建立寻呼机制,发现问题后,统一报给行车值班员,由行车值班员对全站员工进行通报。

员工在工作中发现乘客服务设备、设施状态异常或失效时,该员工应及时设置相关导向告示或警示标志,以免误导乘客,并通知行车值班员,行车值班员及时将信息传达给其他岗位员工。

员工在回答乘客问询时,不能臆测答案,避免给乘客错误引导。

②注意出入口客流情况。

车站工作人员应及时留意出入口及进出站的客流变化,发现有突发客流前兆时,应及时报告值班站长,观察排队长度情况及时采取有效措施进行疏导。

③做好宣传广播及客流的引导。

客运服务人员积极进行票亭、自动售票机、闸机前的分流引导工作;站厅、站台加强巡视,尽快疏导客流,确保乘客安全。

④及时疏导客流。

在客流较大的情况下,通常因为设备故障或乘客不熟悉设备而造成进出站阻塞,车站工作人员应加强巡视各组出入闸机,指导进出站客流。

3. 突发事件客流组织

遇到突发事件时,交通系统面临着两种需求:一是迅速疏散人员,以减少伤亡;二是迅速调动应急抢险所需的人员与物资。

由于突发事件具有突然性、偶然性和小概率特征,应急疏散针对的是非正常条件下的交通控制和交通行为,如果没有预先设置的检测系统,很难采集到事件突发情景的真实交通数据,在正常情况下从检测系统采集的数据往往不包括突发事件时的各种变化特征。因此,首先要建立完善的信息系统,随时跟踪突发事件的变化,并具有一定的预测功能,为人员的疏散提供决策支持。同时诱导系统需与信息系统的决策相连,诱导标识的大小、位置需易见。交通路线用明显的标识牌展现。其次,枢纽内的客流组织尽量避免流线交叉、满足走行距离最短和路线明确等要求,在最大程度上实现安全疏散。这样不仅能够有效缓解路网通行能力不足及运力、燃油缺乏等问题,还能以最快速度运输被困人群。另外,负责疏散人群的交通公交需装有良好的信息发布系统(如广播等),以指导旅客迅速乘车。

在制订应急疏散方案以及实施应急疏散时,应急疏散时间是一项重要指标。

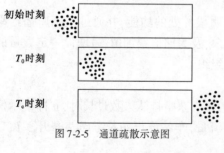

图 7-2-5 通道疏散示意图

图 7-2-5 所示为步行设施应急疏散示意图(以通道为例)。从图中可以看出,通道的疏散时间 T_c 为从待疏散客流中第一个人进入通道入口到最后的一个人离开通道出口的时间,其表达式如下:

$$T_c = T_0 + T_1 = \frac{Q}{q_1 W_1} + \frac{L_1}{V_1} \tag{7-2-1}$$

式中:T_0——疏散开始到最远处的一个人到达疏散步行设施入口的时间(min);

T_1——行人在步行设施上的平均行走时间(min);

Q——进入步行设施的疏散人数(人);

q_1——设施的人流流量系数[人/(m·s)];

W_1——设施有效宽度(m);

L_1——步行设施长度(m);
V_1——行人平均速度(m/s)。

行人平均速度V_1与步行设施内行人密度有关,是一个随机分布量,因此,步行设施的疏散时间具有随机性。

对于客运交通枢纽,站台与地面出口之间串联有多个通道和楼梯,在计算疏散时间时,不能简单地将其进行求和运算,这是因为,每一设施的有效宽度和人流流量系数有所不同。如图7-2-6所示,在行人由设施 A 进入设施 B 时,若 B 入口的疏散能力($q_B W_B$)小于 A 出口的疏散能力($q_A W_B$),行人在这一连接处会出现一定的疏散延误。

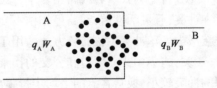

图7-2-6 不同疏散能力的设施衔接示意图

设施连接处的延误时间 t 的表达式如下(符号含义同前):

$$t = \frac{Q}{q_B W_B} - \frac{Q}{q_A W_A} \tag{7-2-2}$$

因此,对于一个由 N 个步行设施组成的应急疏散通道,其必需安全疏散时间 T_R 的表达式如下:

$$T_R = 1 + T_0 + \sum_{i=1}^{N} T_i + \sum_{j=1}^{M} t_j = 1 + \frac{Q}{q_1 W_1} + \sum_{i=1}^{N} \frac{L_i}{V_i} + \sum_{j=1}^{M} t_j \tag{7-2-3}$$

式中:1——规范中给出的反应时间(min);
N——步行设施数量;
L_i——步行设施 i 的长度(m);
V_i——步行设施 i 的行人平均速度(m/s);
M——出现延误的设施连接处的数量。

第三节 车流交通组织设计方法

一、车流交通组织设计

1. 轨道交通交通组织设计

轨道交通是客运交通枢纽的重要衔接方式。枢纽规划设计中应充分考虑与轨道交通线路的结合,减少乘客换乘步行距离,尽量使轨道交通的站厅或出入口靠近枢纽站台及出入口,使乘客不用出站即可实现各类交通方式之间的换乘衔接。位于客运交通枢纽的轨道交通车站一般由换乘通道连接枢纽站台,乘客可以直接通过枢纽专用换乘通道进入站台,极大方便了换乘旅客的进出。由于客运交通枢纽到发的高峰时段与轨道交通高峰时段不一致,因此,经过枢纽的轨道交通运营组织也要结合枢纽客流的到发时刻统一安排。

枢纽轨道交通组织设计主要包括轨道交通与枢纽之间换乘衔接模式、运营调度等。

1)轨道交通与枢纽之间换乘衔接模式
（1）与公交车首末站衔接的设计方法
枢纽公交首末站停车位的设计强调轨道交通与公交之间换乘的方便性，并满足公交车辆的停放需求。枢纽公交首末站停车位的布置可以分为并行排列式、岛屿集中式和周边分布式。
①并行排列式。各线路站台平行设置，车流进出站台比较方便，但换乘人流与公交车之间存在冲突，且灵活性差，线路停车位不允许其他线路车辆蓄车，可设置人行地道或楼梯与站台连接减少人车冲突。该布置方式适用于公交线路数较少，且乘客流量也不大的情况。
②岛屿集中式。轨道和公交的换乘通过地下通道或天桥与"岛屿"连接，其优点是人车之间的冲突较小，换乘客流的平均步行距离短，换乘便捷。但是，该布置方式需保证乘客候车区的面积，同时在公交车辆进出时，将有一段交织区，且与周边的公交乘客联系较差，需设置地下通道或天桥连接；由于缺少了蓄车位，适用于公交周转较快，且主要是与轨道交通进行换乘的情况。
③周边分布式。上车位和到达车位分散在周边，中间部分为蓄车位，通过设置隔离栏等辅助设施，可以完全避免人车冲突，大大提高效率；在中央停车区设置蓄车位，提高公交车辆的服务水平，泊位可以灵活按需要调整。但该方法乘客上下车和换乘区域较为分散，需要对公交线路的布置进行合理安排，适用于公交线路较多，客流量大，尤其是公交配车数较多，且有足够用地的情况。

（2）出租车上客区的设计方法
根据出租车上客区同时上客的车位数，分为单上客点和多上客点两类。
①单上客点出租车上客区的设计方法。
单上客点出租车上客区是指只有最前面的1个泊位可以上客，其他泊位均只能作为空载出租车的蓄车泊位。进行单上客点出租车上客区设计时应注意在蓄车位与上客车位之间设置停车线，有利于保障上客区的空间，同时采用隔离栏设置排队区和上客区，维持上车秩序。该设计形式能够保证出租车和乘客排队的公平性，适用于乘客流量不大，用地面积狭长形的空间布置。
②多上客点出租车上客区的设计方法。
多上客点出租车上客区是指有2个或以上泊位可以同时上客，其他泊位作为空载出租车蓄车位的设置形式。总体上又可以分为平行式和锯齿式两种。

（3）停车设施的设计方法
非机动车停车场由于设计相对灵活，在轨道交通车站一般都有配置，而在客流量较大的枢纽车站，应尽量规划有一定面积规模的停车场，并配备专人管理，提高车辆停放秩序和安全性。在设计时主要考虑出入口、交通线路组织等要求。
机动车停车场由于占地面积大，对周边道路交通影响大等因素，需根据轨道枢纽车站区位和道路交通状况确定是否设置。总体上，由于枢纽车站空间有限，应尽量利用轨道交通红线范围内的空间布置，如高架桥下或出入口楼梯上方，并结合实际情况，建设机械式立体停车库，以提高空间利用率。

2）轨道交通运营调度
轨道交通行车计划是轨道交通调度的基础工作之一，它是在现行运营管理模式下，全面分析运营生产条件和乘客的实际出行需求后编制的，是用于组织和指导轨道交通运营生产的全过程。轨道交通行车计划的编制由全日行车计划、列车开行方案、列车运行图和车辆运用计划组成。

随着城市轨道交通建设规模的扩大和城市格局的发展，在不同阶段网络中的客流将呈现不同的特征，可采用不同的交路方式以适应客流变化的需求。采用合理的列车交路安排，可以在一定程度上解决客流空间不均衡性的问题。列车交路一般有长交路、混合交路、衔接交路、多种交路组合、环形交路等五种方案。长交路是指列车在线路上全线运行；混合交路是指列车除了在全线上运行外，还在线路的某一客流高峰区段内另开行车辆，并在指定的车站上折返；衔接交路是若干短交路的衔接组合，列车在线路上分区段运行、在指定的中间站折返；多种交路组合形式则是长交路、混合交路、衔接交路三种交路并存的形式；环形交路适用于路网中中心环线。

对于轨道交通线路，按各线路上的客流空间分布不均衡特征，选定适宜的运营调度方案，可以提高轨道交通系统的运营效益。解决方案主要有以下两种：

(1)对于方向不均衡系数较大的线路，环形的轨道交通线路上可以考虑采用内环和外环线路安排不同运力的方法来解决。

(2)客流的断面分布不均衡性可能会使全线中的某几个断面客流量较大，传统的行车组织方式必然产生满载率低、运营成本大的弊端。为了使行车组织适应客流的断面不均衡性，实施混合交路的列车交路方案，在客运量较大的区间开行短交路列车，在客运量较小的区间开行长交路的列车，这样可满足该区间的客运需求，而不会出现大客运量区间的能力不足、小客运量区间能力虚糜的情况。

2.公交车交通组织设计

公交是客运交通枢纽交通组织的基本运输方式。客运交通枢纽的公交线路包括到发线路和途经线路，为减少线路间的相互干扰，不能过多地将公交线路引入枢纽并设置公交终点站。在我国许多中小城市，客运交通枢纽(特别是铁路客站)是唯一的大型公交枢纽，大部分公交线路以客运交通枢纽为终点站，给客运交通枢纽的交通组织带来一定困难。因此，需要根据客运交通枢纽的到发量，适当安排以客运交通枢纽为终点站的公交线路，部分线路设置为途经线路。其中以客运交通枢纽为终点站的公交线路的运营组织要结合客运交通枢纽的集中到达的特点进行运营调度，保证客运交通枢纽附近不会聚集大量的候车人群。

客运交通枢纽公交车在交通组织时应注意以下几点：

(1)避免公交车在城市干道上左转弯回车。

(2)站点应距进出站口较近，尽量避免乘客上下车后须穿越马路才能抵达客运交通枢纽。

(3)沿城市道路设置的站点，应尽量布置成港湾式停车。如果直接利用城市道路上的车行道停靠公共交通车辆，利用人行道兼作候车道，就等于减少了道路上的车道数和人行道宽度，从而降低了道路的通行能力。除旧城市改建用地或建筑现状所限之外，通常不采用这种做法。

(4)尽量避免乘客上下车和候车时与其他人流相互交叉干扰。客运交通枢纽公交车静态交通组织要点包括：公交车的站点布置、停靠站设计。动态交通组织要点有：公交车辆与客运交通枢纽的衔接组织、公交车流线组织、运营调度等。

对于公交车停靠站的设置，应注意以下问题：

1)停靠站布置

公交站点的布置决定了客运交通枢纽进出主要人流的行走线路，客流与车流是否相互干扰等重要问题。

一般来说,公共交通应该尽量靠近客运交通枢纽出入口。各车站应容易辨认且互相靠近,客流量最大的站台应安排在最便利的位置上。但实际情况中,由于公交车辆较为庞大,用地规模大,且车辆进出枢纽区域太深,车辆掉头不方便,同时容易把城市内的客流引到枢纽地区从而造成交通拥挤。对于小城市的客运交通枢纽,由于枢纽客流量比较小,可以考虑公交的置前,而对于大中城市的客运交通枢纽,客流量大,此时可以考虑把中途车停靠引进来,而起终点车站应该另外安排,配备专用的公交停车场。

在公交站点布置时,最好避免站点集中。可以根据客运交通枢纽自身的情况,考虑各线路公交换乘客流量的大小和方向,必要时分方向设置。

2)停靠站设计

停靠站的设计和公交场站的面积决定了公交车在客运交通枢纽的进出是否方便、旅客上下车是否便捷。在客运交通枢纽,为了达到组织公交进出方便的目的,一般将停靠站设置为锯齿型或港湾式。

(1)锯齿型

锯齿型停靠站是在一般港湾式停靠站的基础上,以倾斜的流线为基本构形元素,并采用相对分离的港湾设计,整个站台形式成锯齿型(图 7-3-1)。该方式线形流畅,符合公交车辆运行轨迹,车辆进出停靠站方便、快捷;同时,相对分离的港湾,有利于明晰不同线路在站点处各自的停靠权,有利于公交车辆的有序停靠,也结束了乘客交错赶车的局面,缩短了乘客步行距离。

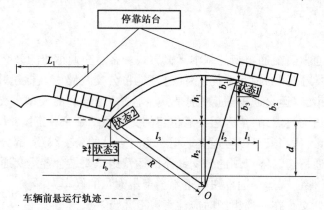

图 7-3-1 锯齿型停靠站车辆进出站过程示意图

①进出站过程分析。

在该站台形式下,公交车辆有足够的空间进入站台停靠,因此在计算锯齿型停靠站的长度时,只分析车辆出站时的长度而进站的长度则忽略不计。在公交车辆出站的过程中,公交需经历如下两个阶段:过程 1,从停靠状态(图 7-3-1 中的状态 1)以车辆转弯半径运行至公交前悬出站(图 7-3-1 中的状态 2);过程 2,从公交车辆前悬出站到车辆完全出站(图 7-3-1 中的状态 3)。其中只有过程 1 会影响到泊位长度的确定。锯齿型停靠站车辆进出站停靠的过程如图 7-3-1 所示。

②站台长度计算。

由图 7-3-1 可知,锯齿型停靠站的泊位长度 L_1 的计算公式如下:

$$L_1 = l_1 + l_2 + l_3 \tag{7-3-1}$$

式中：l_1——公交停靠时的水平长度；

l_2——公交从停靠状态运行到锯齿最外点所需的水平长度；

l_3——公交从锯齿最外点运行到前悬出站所需的水平长度。

现对l_1、l_2、l_3讨论如下：

令站台的倾斜角度为α（一般$\alpha = \arctan w/l_b$，l_b为公交车辆长），由图7-3-1的几何关系可知：

$$l_1 = l_b \cos\alpha \qquad (7\text{-}3\text{-}2)$$

l_2为公交车辆以转弯半径R（12m的公交R取值为15m，18m的公交R取值为13.5m）转过α角度的水平距离，由图7-3-1可知其计算公式如下：

$$l_2 = R\sin\alpha \qquad (7\text{-}3\text{-}3)$$

l_3为公交车辆在转弯半径R时，从车辆前悬运动的最外点到前悬出站所运行的水平距离，由图7-3-1所示几何关系可得下式：

$$l_3 = \sqrt{R^2 - h_2^2} \qquad (7\text{-}3\text{-}4)$$

其中：

$$h_2 = R - h_1$$

$$h_1 = (R - R\cos\alpha) + b_1 + b_2 + b_3 = (R - R\cos\alpha) + l_b\sin\alpha + w\cos\alpha + (d - w)/2$$

计算得：

$$l_3 = \sqrt{R^2 - \left(R\cos\alpha - l_b\sin\alpha - w\cos\alpha - \frac{d-w}{2}\right)^2}$$

经以上分析，整个站台的长度则应为n个停靠泊位长度之和，其站台长度计算公式如下：

$$L = nL_1 = n(l_1 + l_2 + l_3)$$
$$= n\left[l_b\cos\alpha + R\sin\alpha + \sqrt{R^2 - \left(R\cos\alpha - l_b\sin\alpha - w\cos\alpha - \frac{d-w}{2}\right)^2}\right] \qquad (7\text{-}3\text{-}5)$$

（2）港湾式

港湾式停靠站就是在与客运交通枢纽衔接的道路车行道外侧，采取局部拓宽路面的公共交通停靠站，公交车辆停靠在港湾内，而不占用行车道（图7-3-2）。

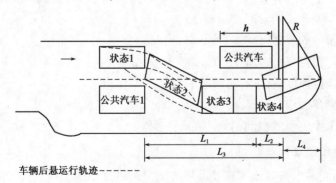

图7-3-2 港湾式停靠站车辆进出站运行轨迹图

与传统的直线式车站相比，港湾式车站的优点表现在：在车辆有序进出车站时，可以减少公交车辆停靠站占用机动车道对其他车辆行驶的影响，尤其对窄路更有成效；可以在一定程度上规范驾驶员的进站行为，增加安全性；可有效控制乘客的候车范围，间接地减少车辆延误时间。

在计算港湾式停靠站长度时,其方法和锯齿型类似,此处不进行详细分析。整个港湾式站台长度应包括 n 个公交进港湾所需的长度的总和,以及最后一个泊位的公交车辆出港湾的长度。由图 7-3-2 几何关系,得计算公式如下:

$$L = n l_b + l_a = n\left(\sqrt{l_b^2 + w^2} + l_b + \frac{v^2}{2a}\right) + \sqrt{R^2 - \left[R - w - \frac{(d-w)}{2}\right]^2} \quad (7\text{-}3\text{-}6)$$

式中:l_b——公交车辆长(m);
  w——公交车辆宽(m);
  v——减速前的速度(m/s);
  a——减速度(m/s),一般取 3.0m/s²;
  R——车辆出站时前悬转弯半径(m);
  d——车道宽(m);
  l_a——车辆出港湾所需的长度(m);
  n——公交车的数量。

在计算客运交通枢纽公交车停靠站的尺寸时,公交车个数 n 的取值应根据客运交通枢纽高峰小时公交车同时到站或离站的最大数目来定,从而确定停靠站长度。

3) 公交场站面积

公交车在客运交通枢纽的场站面积主要考虑公交车供乘客上下车时停放和掉头所需面积以及乘客集散和候车所需面积,可根据下式计算:

$$S_B = \left(\frac{60 N_B}{T_\mu} + \frac{60 N_B}{T_0}\right) A_B + \frac{(\eta_a + \eta_1) P_B N_B L_P}{3600 SV} + \frac{P_B N_B S_W \eta_1}{T_0} + S_{Bd} \quad (7\text{-}3\text{-}7)$$

式中:S_B——公交车换乘场站所需面积(m²);
  N_B——高峰小时公交车的到站数,并认为与高峰小时内的发车数相同(辆/h);
  T_μ、T_0——公交车在下客区和上客区停车时间(min);
  A_B——公交车停车时的平均占地面积(m²/辆);
  P_B——公交车平均载客数;
  η_a、η_1——公交车到达和始发时的满载率(%);
  L_P——在枢纽内的乘客平均步行距离(m/人);
  S——平均行人密度(人/m²),通常取 1.2 人/m²;
  V——平均步行速度(m/s),通常取 1.1m/s;
  S_W——人均候车面积(m²/人);
  S_{Bd}——公交车掉头所需空间的大小(m²)。

3. 出租车交通组织设计

出租车是客运交通枢纽客流实现换乘服务的另一种重要的交通方式。随着我国经济的飞速发展,20 世纪 90 年代以后,出租车迅速增加,在很多城市的客运交通枢纽的改造以及新建中,都着重考虑了出租车的流线、停放等问题,据一些大型客运交通枢纽的统计,目前由出租车集散的乘客量占总数的 10%~30%,仅次于公交车辆。与轨道交通和公交不同,出租车类似于个体运输工具,集中到达性比前两种方式强。客运交通枢纽应设置出租车下客区和候客区,下客区靠近进站口,候客区靠近出站口。

出租车体积小,机动灵活,出动辆次多。设计时要以乘客的心理和行为以及出租车在客运交通枢纽可能的路线为出发点,做到客流、车流不交织,出租车进出枢纽自由有序。关于客运交通枢纽出租车的交通组织设计主要有以下几个要点:①停车场布置;②出租车停车场规模;③出租车上下客点;④出租车的停靠方式。

(1) 停车场布置

出租车是比私人轿车更高效的运输工具,其发展应当被支持。为出租车辆提供良好的运营空间是客运交通枢纽规划设计中的关键环节。出租车停车场在客运交通枢纽的布置形式可考虑采用停车场与接送站台相结合的方式。小型客运交通枢纽没必要设出租车专用停车场,甚至还可以接、送客合用站台。而流量特别大的大型客运交通枢纽一般都把出租车停车场、接客区和送客区分开来设置。以北京西站枢纽为例,除了设有泊位达 150 个的停车场,还另设有接、送客站台。广州站枢纽比较特别,只设有接、送旅客区,其接客区为"U"形,候客车辆排队进入,如果接客区已停满,后到达的出租车则不得进入,必须离开。这样很大程度上维持了枢纽站前广场的秩序,提高了交通组织功能。

出租车停车场随着客运交通枢纽布局形式的不同,其位置及布置形式也不尽相同。但就停车场位置的布设,归纳起来有三类布设方式:一是停车场布设在客运交通枢纽地面;二是停车场布设在地下;三是停车场分别布设在地面或地下。

①停车场布设在地面。

这类布设方式需要客运交通枢纽有较大面积,枢纽属于平面布置,没有高架上空和地下空间开发。出租车停车场位置尽量靠近客运交通枢纽,下客区位置靠近进站口,上客区位置靠近出站口。

②停车场布设在地下。

这类布设方式是针对客运交通枢纽场站面积较小,没有地面空间布设停车场,又需要解决枢纽的停车问题的情况,因此在枢纽布设地下停车库。临时下客停车点设置在客运交通枢纽进站口外,然后离开枢纽或转入地下停车场停车。

③停车场分别布设在地面和地下。

此类停车场布设是鉴于前两种情况之间,地面和地下空间不能完全解决客运交通枢纽站的停车问题。

以上三类停车方式都存在各自的优点和缺点,客运交通枢纽站应结合停车需求量、面积大小、枢纽布局、与城市主干道衔接方式等特点来综合分析停车场的布设。

对于铁路客运交通枢纽,铁路旅客一般都是通过站台然后下地下通道离开,因此,有条件的铁路车站将出租车候客区设置在地下出口处,在候车室门外设置临时下客区,减缓站前广场的交通压力,减少旅客步行距离,方便其换乘。目前我国南京火车站就是采用高架广场"高进低出"方案,将乘坐出租车进出站的乘客分别安排在高架二层和地下层,上下车位置紧靠进出站大厅口,地下出站厅直达地铁站台,在地下一层分别设置出租车停车场和社会小汽车停车场。

(2) 出租车停车场规模

客运交通枢纽出租车停车场主要为出租车停车候客服务。城市客运交通枢纽专用的出租车候车区,其面积主要考虑所需出租候车廊的面积及车流、客流流线组织所需的面积,可根据

下式计算:

$$S_T = \frac{2 N_T T_t A_T}{600} + \frac{2 L_T B_T}{600 SV} + N_{rw} A_T + S_{Td} \quad (7\text{-}3\text{-}8)$$

式中:S_T——出租车换乘场站所需面积(m^2);

N_T——高峰时段 10min 出租车的到站数,取出站数与到站数相同;

T_t——出租车上下客所需时间(min);

A_T——单位出租车停靠时的平均占地面积(m^2/辆);

L_T——乘客在枢纽内的平均步行距离(m/人);

B_T——出租车的平均载客数(人/辆);

S——平均行人密度(人/m^2),通常取 1.2 人/m^2;

V——平均步行速度(m/s),通常取 1.1m/s;

N_{rw}——候车区等待的出租车数;

S_{Td}——出租车掉头所需空间的大小(m^2)。

(3)出租车上下客点

一般来说,旅客上出租车的地点称为上客点;旅客下出租车的地点称为下客点。从旅客的角度出发,下客点距进站口越近越好,而上客点距出站口越近越好。对于这个距离的确定应有理论上的分析。上下客点与出站口及候车厅的距离,不同于通常所说的一般步行距离,因为很多旅客都是负重而行,还有可能是在赶时间,所以这个距离要比一般人的步行活动半径(400m)小得多。如果一个人手提重物,假设为 7.5kg,那么他每走 20m 左右就会换一次手。同时考虑到人看清物体的最大距离为 100m,故这个距离应在 80m 以内为宜。

(4)出租车的停靠方式

根据出租车的上客点与下客点的关系,可认为出租车有两种停靠方式,即合并式停靠和分开式停靠。合并式停靠是指出租车的上客点与下客点为同一地点。合并式停靠适合于进出站口距离较近或规模较小的枢纽站,优点是出租车流线短捷,对有广场的客运交通枢纽,不会穿越整个广场,不会对广场造成分割,一般也不会形成人流与车流的交叉。分开式停靠是指出租车的上客点与下客点不在同一地点,两者相距有一定距离。因下客点距进站口较近而上客点距出站口较近,所以分开式停靠可进一步缩短旅客的步行距离,能更大限度地为旅客服务。南宁站出租车采用的是地下的分开式停靠,很受旅客欢迎,我国的大型及特大型火车站站前广场大多采用这种方式。与合并式比较,分开式流线复杂,所需的交通面积也较大。

4. 社会车辆交通组织设计

社会车辆是指政府机关、团体、工矿企业、学校、单位及个人等的专用汽车(包括大客车及小轿车),用于接送相关的团体及个人旅客。其特点是停留时间较短,停放要求能随到随走,受客运交通枢纽站到发旅客的影响较大。因此客运交通枢纽应设置社会车辆停车场。为减少车辆停放对枢纽地面区域的占用,一般设置地下停车库。由于进出枢纽的社会车辆较多,同时为了减少与公交车、出租车的相互干扰,停车场应有合理的平面布局和交通组织。

客运交通枢纽社会车辆静态交通组织包括社会停车场位置的确定、停放方式、停放规模;动态交通组织包括停车场出入口交通组织设计、进出客运交通枢纽的流线组织等。

社会车辆停靠站设置,应注意以下问题:

(1) 社会车辆停车场的位置

由于进入客运交通枢纽的社会车辆一般需要在站滞留,如接送客的社会车辆。因此,枢纽应设置社会车辆停车场。从方便大多数乘客的角度出发,公交车辆停车场应离枢纽最近,其次是出租车停车场,最后为社会车辆停车场。对于社会车辆的停放点,可以考虑与出租车的停放处并列布置或平行布置。并列布置是与出租车停车场布置一样靠近客运交通枢纽站,平行布置就是平行于出租车停车场且更靠近客运交通枢纽站边缘。由于这类乘客有人接送,停车场的位置距进出站口可稍远点,停车场的入口可与出租车入口合用,以减少对城市道路的干扰,出口最好单独设置。

社会车辆在客运交通枢纽停留时间较短,停放要求灵活,能随到随走,受旅客列车(船、飞机等)到发时刻影响较大。为减少车辆停放对客运交通枢纽地面的占用,一般设置枢纽地下停车库,供社会车辆停放。建议社会车辆停车场还是设在靠近枢纽附近的位置,通常的做法是社会车辆停车场和出租车停车场并列排放在客运交通枢纽的周围。

(2) 停车方式

社会车辆停车场场内的标准车型是普通小轿车,考虑到团体旅客接送问题,场内应该设置数个大型客车的停车泊位,具体泊位个数及泊位尺寸应根据实际需要而定。目前常用的停放方式有三种:平行式、垂直式、斜放式,见图7-3-3。这三种方式中,平行式占用的停车带宽度最小,但前后车的净距较大,单位车位占用面积最大。而垂直式用地紧凑,单位车位占有面积最小,车辆进出不方便。斜放式车位占用面积介于平行式与垂直式之间,不过当车种比较混杂时,排列不整齐且用地不够经济。考虑到垂直式用地最紧凑,并且较为整齐,因此建议场内主要采用垂直式,边角地带若无法采用垂直式,可考虑采用其余两种形式。

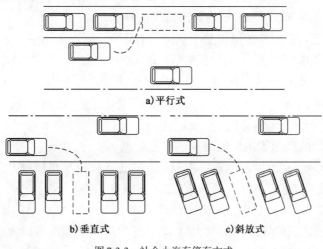

图7-3-3 社会小汽车停车方式

二、车流交通组织要点

1. 公交车流线组织要点

客运交通枢纽内的公交车辆具有车身长、体积大、转弯半径大,且公交车流线及发车量都比较稳定,车辆进出停车场的频率高但均匀的特点。对公交车辆在客运交通枢纽站内部及周围的行驶路线的管理和组织,其主要目的是使公交车辆行驶流畅,降低对其他机动车辆的干扰。公交车辆流线组织分为场站内部车流组织和场站外部车流组织。

内部车流组织是公交车在停车场内运行的线路，它的组织目的是使公交车在场站内线性移动，运行线路不迂回。大致按照"到达—进站—旅客下车—检修—待发—旅客上车—出站"这一过程，且各条公交线路之间干扰最小，具体流线组织方式与场站的布局和场站与城市主干道衔接方式有关。推荐采用的组织方式是按不同线路的公交从入口至出口纵向排列停放，且每两列间设置站台，既可起到分割不同线路的公交车的作用，不影响相互间的到发，又可方便乘客换乘。当场站宽度受限制时，可以合并某两路或几路公交车共同排在一列。

外部车流组织是公交车辆在进站与出站时与主干道的衔接方式，一般是组织公交车辆右进右出城市主干道，这样对城市主干道干扰最小。当场站出入口直接衔接的是城市主干道路段时，组织公交车辆右进右出；当场站出口直接衔接的是城市主干道交叉口时，需要根据各个方向的交通量和公交车辆左转、直行和右转的需要来设置交叉口控制信号灯，以减少对周边道路交通的干扰；当衔接的不是城市主干道，且交通量较小时，也可以考虑其他组织方式。

2. 出租车流线组织要点

上下客地点及停靠方式确定以后，应该组织出租车的流线。出租车的流线与出租车通道及停车场关系密切。

由于出租车的个体性交通工具特征较强，机动灵活，在客运交通枢纽附近或地上地下停车库占有较大比重，因此对出租车的组织就要灵活处理。针对目前客运交通枢纽立体化发展，在组织出租车流线时，以达到零距离换乘为组织目的，普遍采取上进下出的方法进行流线组织，出租车送客时先到上层候车厅前落客，之后到下层站厅出口上客。对出租车组织的目的是让整个客运交通枢纽站车辆流线有序，相互交叉干扰最小，对城市主干道的交通影响最小。出租车流线组织分停车场内部流线和停车场外部流线两种。

(1) 对内部流线而言，组织的原则是车辆进出有序。

停车场内部流线组织比较简单，总的目的是让车辆在内部有序，停车容量达到最大，方便管理。

对出租车停车场而言，流线的组织要结合出租车的运营方案，采用先到先走原则。进出口应尽量分开设置，出租车从进口到出口分成纵向排列并排组织，这样即使出租车在停车场内部行驶有序，又兼顾了先到先走的原则。

(2) 对外部流线而言，组织的原则是车辆右进右出。

不同的停车场布局，有不同的流线组织方法。对于各种停车布局形式，车辆流线可分为三部分，一是从停车场入口进入枢纽内部辅道，二是车辆在辅道上运行，三是从辅道进入城市道路离开枢纽。

对停车场共用出入口且宽度不是很大时，车辆进出停车场右进右出为好；对出入口分别设置的停车场，车辆进出方式就要取决于停车场内部车辆停放方式，原则上也是右进右出。

对枢纽内部辅道，若是所有机动车共用，选用物理隔离措施分离对向车流；若是出租车和小汽车专用辅道，只需施划车道标线分离对向车流即可。

对辅道进入城市主干道流线组织，主要看辅道与主干道衔接方式。若是以T形交叉口方式衔接，且主干道车流量较大时，可单独为出租车设一个相位，使其可以直接右转和左转；若是以"十"字形交叉口方式衔接，为避免对主干道交通流的干扰，一般是限制车辆右转，也可单独为车辆设置一个相位，使其可以左转、直行和右转。

3. 社会车辆流线组织要点

对社会车辆停车场而言,由于社会车辆不同于出租车等其他车辆,受旅客列车(飞机、船等)到发时刻影响较大,具有随到随走的特点。因此,停车场内部流线组织可按纵横方向排成列或行,且每列或每行间要有足够距离使车辆能进出自如;也可事先按小汽车的种类归成几类,然后分块布置各类汽车,每块之间要留有足够空间供汽车进出。社会车辆的外部流线组织根据停车场出入口设置位置的不同而不同,建议将出入口分开设置在次干道上,并采取右进右出的流线组织方法。

对于社会车辆,客运交通枢纽站是高密度土地利用,而社会车辆停车占用地面或地下空间较大,对疏散客流的作用较小,所以不提倡这种换乘方式,应采取有效限制措施来管理这种换乘方式,如通过提高小汽车停车费来控制这种换乘方式。

思考题

1. 客运交通枢纽在客流交通组织设计时要注意哪些问题?
2. 客运交通枢纽在客流量较大时有哪些组织疏散的方法?
3. 在进行客运交通枢纽的交通组织设计时,需要注意哪些方面?
4. 请简要叙述客运交通枢纽车流组织设计要点。

第八章
客运交通枢纽评价方法

受设计经验缺乏、基础资料不全、相关标准规定不完善、技术发展滞后等多方面因素的影响,会造成枢纽运营效果不尽理想,换乘流线过长,换乘设施匹配不合理,严重影响周边城市交通等方面的问题。使得枢纽的服务水平不高,影响乘客便捷、安全出行,导致城市居民出行成本的上升,严重影响城市交通运转效率的提升。客运交通枢纽评价旨在面向规划设计建设运营各阶段需求,建立完善的枢纽评价指标体系框架,改善现有枢纽评价体系的不足,辅助相关管理部门、建设运营单位等把握枢纽在量化设计、运营等方面的预期效果,为相关部门的决策提供依据,进而为整个路网的有序运行提供有力保障。本章从评价的目标、原则、流程、指标、模型以及仿真等方面探讨客运交通枢纽综合评价技术。

第一节 客运交通枢纽评价目标

建立科学、完善的客运交通枢纽评价指标体系、评价方法和评价体系框架,能够为客运交通枢纽的前期规划、中期设计方案的优选及后期的运营改造提供技术支持,辅助决策者进行有效决策,保障客运交通枢纽在规划、设计和运营阶段的科学合理性,以达到加快城市交通节点规划建设,推动交通一体化,提高营运效率、优化营运质量的目的。因此,建立完善的枢纽评价体系框架,为城市客运交通枢纽的前期规划设计及后期管理优化提供可靠的技术支持,提高公共交通吸引力,是客运交通枢纽综合评价的最终目标。具体体现在:

(1)落实公交优先战略。2012年,国务院发布的《国务院关于城市优先发展公共交通的指导意见》中明确提出,要加强城市交通换乘枢纽建设;并指出交通换乘枢纽是一体化交通系统的关键环节。符合条件的地区要建立换乘枢纽中心,引入各种交通方式,实现公共汽(电)车、大容量快速公共汽车、轨道交通之间的方便快捷换乘,以及城市交通与铁路、公路、民航等对外交通之间的有效衔接。换乘枢纽中心要配套建设机动车、非机动车停车场,配备相应的指向标识、线路图、时刻表、换乘指南等服务设施,方便群众使用。在国家公交优先战略的指引下,各大城市应明确要建设公共交通优先的道路,实现城市交通的可持续发展。

(2)为构建高效的综合客运交通衔接体系提供技术支持。随着公共交通网络化规模的不断扩大,地铁、公共交通、城际交通、私家车等各种交通方式换乘和衔接组织的便捷程度,直接决定了一个城市交通体系的综合服务水平。通过合理规划和建设综合客运枢纽体系,在相对集中的区域内实现各种方式的高效换乘,提高换乘的效率,减少时间损耗,促进城市综合交通形成有机的整体是快速通勤交通运行的重要思路。因此,在现有城市交通基础设施的基础上,如何合理地进行客运枢纽的规划研究,针对枢纽站点的交通组织进行规划,不仅是发展高水平综合客运交通运输的必要条件,也是实现公共交通快速衔接的重要途径。

(3)缓解交通拥堵,保障交通顺畅高效和可持续发展。交通出行是居民日常工作生活中非常重要的组成部分,从整个城市交通的角度来看,交通出行时空分布非常集中且不均衡,城市交通节点的组织和运行的效率直接影响城市整体的交通运转效率,进而影响首都经济社会发展的高效、有序和可持续发展。只有实现节点交通在全市范围内的快速运转,才能有效地提高社会经济的运行效率,为城市经济建设和发展提供良好保障。

第二节　客运交通枢纽评价原则

为确保客运交通枢纽评价的科学性、合理性和可操作性,客运交通枢纽的评价应遵循如下通用原则。

1. 整体完备性原则

城市客运交通枢纽是一个复杂的大系统,实现综合评价相当困难。单个指标只能从一个侧面反映系统的特性,评价体系作为一个有机整体,应该力求能从不同侧面完整地反映客运枢纽的技术性能、经济和环境效益等方面的特征和性能,并要反映系统的动态变化。同时,评价体系中的所有指标应该是彼此相容的,应尽量避免相互矛盾、对立及重复的指标。

2. 可比性原则

评价必须以价值为依据考察不同个体之间、个体与标准之间的相对优劣。因此,必须在平等可比的价值体系下进行,否则无法判断不同城市客运交通枢纽的相对优劣,同时可比性必须有可测性,没有可测性的指标难以比较,所以评价指标要尽量建立在定量分析基础上。

3. 客观性原则

评价指标是评价结果客观准确的根本保证,应该重视保证评价指标体系的客观公正,同时要保证数据来源的可靠性、准确性和评估方法的科学性。

4. 实用性原则

评价体系的建立是为进行综合评价服务,在实际的运用中才能体现其价值,因此每一个指标都应该定义明确,简单实用,具有较高的可靠性,受评价体系以外的因素影响小,整个评价指标体系应该简明,易于操作,具有实际应用功能。

5. 科学性原则

指标体系应建立在科学的基础上,即指标的选择与指标权重的确定、数据的选取、计算与合成必须以公认的科学理论(统计理论、系统理论、管理与决策科学理论等)为依据,要能够反映城市交通可持续发展的涵义和目标的实现程度。

第三节 客运交通枢纽评价流程

为保障评价结果的准确性,需要对评价的具体流程进行规划(图 8-3-1)。枢纽评价流程主要分为四个步骤。

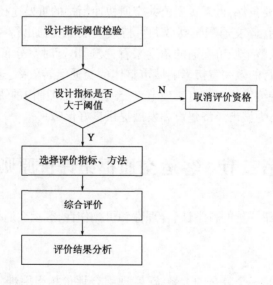

图 8-3-1 评价流程设计

(1)设计指标阈值检验

枢纽交通设施的功能的设计指标,是指在一定服务水平下,单位时间内行人设施服务乘客的最大数量。由于环境条件、管理条件、自然条件等的不同,以及行人和人群本身的特性等多种因素的影响,设施的设计指标在不同地点会表现出一定的差异性。客运交通枢纽中各类设施通行能力之间的关系类似木桶效应,所以,在进行综合评价之前,首先应进行基本设计指标阈值检验,具体阈值参见第四节。

(2)评价指标、方法选取

评价者可以根据枢纽评价的不同阶段或服务对象,首先选择一个评价指标集,然后在该指标集内选取最为关心的评价指标,辅以最能满足评价需求的评价模型,才能得到客观公正的评价结论,具体参见第五、第六节。

(3)枢纽综合评价

选取评价指标集之后,通过实地调查或者其他手段获得相应指标数据,将指标赋值以后,代入评价模型进行计算,得出评价结果。

(4)评价结果分析及优化建议

根据所选评价模型的特点及说明,分析评价结果,对枢纽的评价表现进行总结。

第四节　客运交通枢纽评价阈值检验

阈值检验主要针对客运交通枢纽内的常见排队服务设施,包括安检设施、进出站检票设施、充值设施、售票设施、问询设施等。服务设施可以分为人工服务设施与自动服务设施。人工服务设施主要包括人工售票、人工充值、人工问询等设施。自动服务设施主要包括安检设施、进出站检票设施、自动售票设施、自动充值设施等。

一、人工服务设施

1. 充值设施

根据调研分析,充值期间是否问询、是否准备好钱或卡、需充值的IC卡个数对充值时间影响有显著性差异。所以选择充值期间是否问询作为乘客充值服务时间的影响因素,将乘客分为充值期间问询与充值期间不问询两大类。人工充值设施服务能力C(人/单位时间),可根据公式(8-4-1)计算得到:

$$C = \frac{3600}{\sum_{i=1}^{n} p_i t_i} \tag{8-4-1}$$

式中:C——人工充值设施的服务能力;
　　　n——服务的乘客群数目;
　　　p_i——第i类充值乘客的比重;
　　　t_i——第i类充值乘客的平均服务时间。

根据测得的各类人群通过闸机时间间隔的频率分布曲线(图8-4-1),可以得到通勤时段轨道交通主要乘客群体的分类及其服务时间参数t_i的建议值。建议取值见表8-4-1。

主要人群充值服务时间间隔及推荐服务阈值　　　　表8-4-1

乘客群类别	平均服务时间(s)	乘客所占百分比(%)	服务时间(s)	推荐服务阈值(人/h)
充值期间问询	46.5	6.2	18.65	190
充值期间不问询	16.8	93.8		

2. 售票设施

根据调研分析,售票期间是否准备好钱币、是否要找零钱对服务时间有显著性差异影响。所以选择售票是否要找零钱作为乘客售票服务时间的影响因素,将乘客分为售票后需找零钱与售票后不需找零钱两大类。

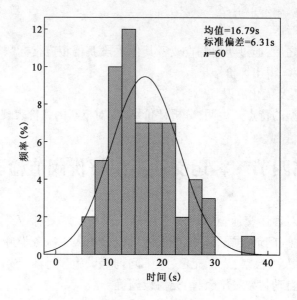

图 8-4-1 购票期间找零类别乘客充值时间分布

人工售票设施服务能力 C(人/单位时间),可根据公式(8-4-2)计算得到:

$$C = \frac{3600}{\sum_{i=1}^{n} p_i t_i} \tag{8-4-2}$$

式中:C——人工售票设施的服务能力;
  n——服务的乘客群数目;
  p_i——第 i 类售票乘客的比重;
  t_i——第 i 类售票乘客的平均服务时间。

根据测得的各类人群通过闸机时间间隔的频率分布曲线(图 8-4-2),可以得到轨道交通主要乘客群体的分类及其服务时间参数 t_i 的建议值。建议取值见表 8-4-2。

主要人群购票服务时间间隔及推荐服务阈值   表 8-4-2

乘客群类别	平均服务时间(s)	乘客所占百分比(%)	服务时间(s)	推荐服务阈值(人/h)
购票服务过程不找零	4.75	75.2	6.4	560
购票服务过程找零	11.28	24.8		

3. 问询设施

人工问询设施服务能力 C(人/单位时间),可根据式(8-4-3)计算得到:

$$C = \frac{3600}{t} \tag{8-4-3}$$

式中:C——人工问询设施的服务能力;
  t——问询乘客的平均服务时间,见表 8-4-3。

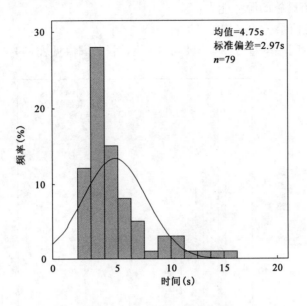

图 8-4-2 购票期间不找零类别乘客充值时间分布

问询服务设施时间间隔及推荐服务阈值 表 8-4-3

服务总时间(s)	样 本 数	平均服务时间(s)	推荐服务阈值(人/h)
321.273	28	11.47402	310*

注:*表示经过取整后的数值。

4.综合阈值

枢纽内的人工服务设施往往是多功能的,需完成问询、售票、充值等功能。此时设施的服务能力就是其之和,此时需要给出此类设施的服务能力,需要选择服务期间服务类型不同作为乘客分类因素,将乘客按照服务类型进行分类,并对多个人群组成情况下的人工服务设施的能力进行计算修正,如式(8-4-4)所示。人工服务设施的服务能力 C(人/单位时间),可根据公式(8-4-4)计算得到:

$$C = \frac{3600}{\sum_{i=1}^{n} p_i t_i} \tag{8-4-4}$$

式中:C——人工服务设施的服务能力;
  　n——服务的乘客群数目;
  　p_i——第 i 类服务乘客的比重;
  　t_i——第 i 类服务乘客的平均服务时间。

二、自动服务设施

1.充值设施

自动充值设施服务能力 C(人/单位时间),可根据公式(8-4-5)计算得到:

$$C = \frac{3600}{\bar{t}} \tag{8-4-5}$$

式中：C——自动充值设施的服务能力；
　　　$\bar{t}$——第i类充值乘客的平均服务时间。

自动充值服务时间频率直方图如图 8-4-3 所示，服务阈值见表 8-4-4。

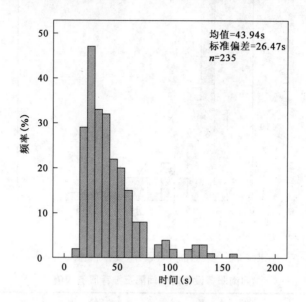

图 8-4-3　自动充值服务时间频率直方图

自动充值服务设施时间间隔及推荐服务阈值　　　　表 8-4-4

乘客类别	平均服务时间（s）	推荐服务阈值（人/h）
1	43.94	80

2. 售票设施

将乘客按照携带行李大小分类，分为携带小型以下行李与携带中型以上行李两类，分别计算其服务时间。

$$C = \frac{3600}{\sum_{i=1}^{n} p_i t_i} \tag{8-4-6}$$

式中：C——自动售票服务设施的服务能力；
　　　n——服务的乘客群数目；
　　　p_i——第i类购票乘客的比重；
　　　t_i——第i类购票乘客的平均服务时间。

行李类型比例见表 8-4-5。

行李类型比例　　　　表 8-4-5

行李类别	服务时间（s）	服务能力（人/次）	所占百分比（%）	服务时间（s）	推荐服务阈值（人/h）
小型以下行李	37.34	96	87.0	40.25965	90
中型以上行李	65.53	54	13.0		

3. 安检设施

根据各类乘客单位时间内通过安检设施的通行能力值,可对各个地铁站点的安检设施通行能力进行估算。根据统计的数据统计出每个地铁站每种乘客所占的比例(表8-4-6),然后计算出各个地铁站安检设施的通行能力。

地铁各站乘客组成类型所占比例　　　　　　　　　表8-4-6

类型	四惠站	北京站	东单站	国贸站	海淀黄庄站	建国门站	西单站	西直门站
携带一个小包	72.2	61.7	78	86.5	80.2	70.4	74.9	67.6
携带一个中包	11	15	8.3	5.2	6.3	14	4.6	8.5
携带一个大包	1.7	5.3	1.2	2.1	1.4	2.8	0.9	2.7
携带一个特大包	2.1	0.4	0.4	0.1	0	0.6	0	0.9
携带两个包裹小包	11.00	5.9	9.5	4.8	11.8	7.5	16.5	10.3
携带两个及以上中包	1.5	10.5	2.2	1.2	0.4	4.3	3.1	7.3
携带两个及以上大包	0.27	0.40	0.2	0.1	0.1	0.2	0.1	1.8
携带两个及以上特大包	0.16	0.54	0.1	0	0.1	0.2	0	0.9

据表8-4-6中数据可知,四惠站、国贸站、建国门站早高峰时段上班族居多,大多携带公文包、手提袋之类的小型包,通行能力相对较高;地铁北京站、地铁西直门站通行能力受对外客流影响,携带中型包、大型包裹的乘客偏多,所以通行能力偏低;东单站、海淀黄庄站以及西单站附近多商场、办公场所,携带两个及以上小包裹的乘客相对其他站点要多一些,因此通行能力略微受到影响。据以上分析,可将地铁站分为三个类型,即第一类:对外乘客较多的站点,携带行李相对较大、个数较多,比如北京站、西直门站;第二类:附近多商场,携带两个及以上包裹的乘客相对其他站点要多一些,对通行能力略有影响,比如海淀黄庄站、西单站以及东单站;第三类:该类车站内乘客多为市内上班族,携带行李多为小型包裹,比如国贸站、建国门站。

地铁安检设施通行能力计算值见表8-4-7。

地铁各站安检设施预测通行能力值　　　　　　　　　表8-4-7

地铁站点	四惠站	北京站	东单站	国贸站	海淀黄庄站	建国门站	西单站	西直门站
通行能力(人次/h)	1626	1516	1683	1743	1698	1613	1654	1533

根据之前对地铁站类型的分类,可给出相应的推荐值。

第一类:地铁北京站、地铁西直门给出推荐值为1500人次/h。

第二类:东单站、海淀黄庄站以及西单站附近多商场、办公场所,携带两个及以上包裹的乘客相对其他站点要多一些,在此给出通行能力推荐值为1650人次/h。

第三类:四惠站、国贸站、建国门站早高峰时段上班族居多,大多携带公文包、手提袋之类的小型包,给出推荐值为1600人次/h。

三、步行交通设施

1. 步行通道

根据不同服务水平下的步行通道饱和度 V/C 比,可以确定不同等级通道的服务水平及与之对应的单位宽度流量,如表8-4-8、表8-4-9所示。

步行通道服务水平等级及与之对应的饱和度　　　　　　　　　　　表8-4-8

服务水平	A	B	C	D	E	F
饱和度 V/C	0~0.3	0.3~0.4	0.4~0.6	0.6~0.8	0.8~1.0	可变

步行通道服务水平分级　　　　　　　　　　　表8-4-9

服 务 水 平	饱和度 V/C 比	单位宽度人流量[人/(m·min)]
A	0~0.3	0~31
B	0.3~0.4	31~41
C	0.4~0.6	41~61
D	0.6~0.8	61~82
E	0.8~1.0	82~102
F	可变	可变

对于常规使用的步行通道,行人服务水平期望为D级或者更高等级。因此,选取D级中等服务水平作为设计阈值服务水平(表8-4-10)。

通道设施的设计阈值　　　　　　　　　　　表8-4-10

设 施 类 型	可能通行能力[人/(m·min)]	设计阈值[人/(m·min)]
通道	102	72

2. 楼梯

不同等级服务水平下的饱和度 V/C 及上下行楼梯通行能力见表8-4-11、表8-4-12。

服务水平等级及与之对应的 V/C　　　　　　　　　　　表8-4-11

服务水平	A	B	C	D	E	F
饱和度 V/C	0~0.3	0.3~0.4	0.4~0.6	0.6~0.8	0.8~1.0	可变

上下行楼梯服务水平分级　　　　　　　　　　　表8-4-12

服 务 水 平	饱和度 V/C	单位宽度人流量[人/(m·min)]	
		上行	下行
A	0~0.3	0~21	0~23
B	0.3~0.4	21~28	23~31
C	0.4~0.6	28~42	31~47
D	0.6~0.8	42~55	47~63
E	0.8~1.0	55~71	63~78
F	可变	可变	可变

对于常规使用楼梯的行人服务水平期望为D级或者更高等级。因此,在这里选取D级中等服务水平作为设计服务水平,此时 V/C 为0.7(表8-4-13)。

楼梯设施的设计阈值　　　　　　　　　　表 8-4-13

设施类型	可能通行能力[人/(m·min)]	设计阈值[人/(m·min)]
上行楼梯	71	49
下行楼梯	78	55
双向混行	—	49

3. 自动扶梯

乘客对面前较高乘客的感受与较低乘客感受不同，因此将上行与下行自动扶梯通行能力分开，并将观测峰值作为排队空间较大的设计阈值，得到设计阈值推荐值如表 8-4-14 所示。

设计阈值推荐值　　　　　　　　　　表 8-4-14

方向	使用状态	名义宽度(m)	额定速度(m/s)		
			0.50	0.65	0.75
上行	运行状态	1.0	—	6300 人/h	—
下行	运行状态	1.0	—	7200 人/h	—
上行	停驶状态	1.0			
下行	停驶状态	1.0		4200	

第五节　客运交通枢纽评价指标

对于城市客运交通枢纽的评价，需要着重考虑枢纽的交通换乘功能以及其与社会、环境的有机结合。在城市客运交通枢纽的评价中，一方面应该注重枢纽的功能性，既强调特定城市发展过程中客运交通枢纽的服务功能，又强调城市交通系统要素之间的协调性；另一方面，则是注重枢纽功能与城市社会、经济和环境等各方面的协调性，通过客运交通枢纽的建设，引导城市发展布局，带动城市社会经济发展。

一、选取原则

目前针对枢纽评价指标体系的研究颇多，所建立的指标评价体系往往广而泛，在一定程度上降低了评价效率。要建立系统性强、包含信息量大、定义准确的指标体系，需要依靠科学的指标体系构建方法，目前比较常用的有调查研究法、目标分解法、多元统计法等。

1. 调查研究法

在通过调查研究及广泛收集有关指标的基础上，利用比较归纳法进行归类，并根据评价目标设计评价指标体系，再以问卷的形式把所设计的评价指标体系寄给有关专家填写的一种搜集信息的研究方法。

2. 目标分解法

通过对研究主体的目标或任务具体分析来构建评价指标体系，对研究对象的分解一般是从总目标出发，按照研究内容的构成进行逐次分解，直到分解出来的指标达到可测的要求。

3. 多元统计法

通过因子分析和聚类分析等方法，从初步拟定的较多指标中找出关键性指标。

在应用上述指标体系构建方法的基础上,为减少枢纽评价的工作量,降低不确定因素的影响,宜同时遵循以下原则:

(1)指标可操作性强

应选取目前研究较为成熟的关键指标,舍弃次要以及尚待研究的指标,以提高指标体系的应用价值。

(2)适应特定评价需求

随着城市客运交通枢纽的不断发展,枢纽评价指标体系需要关注的内容也越来越多,其中不仅要包括交通功能,也要包括枢纽作为城市规划一部分的城市附属功能。宜在对国内外枢纽现状及未来发展趋势进行深入研究的基础上,提出适应枢纽最新评价需求的指标体系。

(3)定性与定量相结合

城市综合客运交通枢纽评价指标体系的建立过程理论上是定性和定量分析的相互结合。定性分析主要是从评价的目的和原则出发,考虑评价指标的全面性、针对性、独立性以及指标与评价方法的协调性等因素,主观确定指标和指标结构的过程;定量分析则是指通过一系列量化计算及检验,使指标体系更加科学和合理的过程。

二、常用指标

总结现有评价指标,对相关度高或标准不明确的予以删减,并对典型指标进行量化,构建定性与定量相结合的指标体系。指标分类及基础数据的建议获取方式如表8-5-1所示。

综合评价指标体系 表8-5-1

目 标 层	准 则 层	指 标 层	获 取 方 式
交通功能	换乘舒适性	总体服务水平	仿真法
		最大行人密度	调研法
		集散设施规模	调研法
		辅助设施配置	调研法
	换乘便捷性	平均换乘时间	仿真法
		平均换乘距离	仿真法
		出入口绕行系数	调研法
	换乘安全性	非冲突客流比例	调研法
		应急设施状况	调研法
	外部协调性	运能匹配度	调研法
		周边路网负荷度	调研法
		周边交叉口负荷度	仿真法
		枢纽辐射范围	调研法
附属功能	环境特性	环境友好性	调研法
	商业特性	商业功能设置	调研法
	用地特性	土地利用匹配度	调研法

1. 换乘舒适性

(1)总体服务水平

通过分析所有行人交通设施服务水平的颜色显示代表的服务水平,确定枢纽宏观服务水平。可选国内外应用较多的也较为成熟的 Fruin 服务水平评价指标体系。该项指标可通过枢纽仿真得到。

(2) 最大行人密度

最大行人密度是指枢纽在各区域内换乘行人的最大密度,计算公式为:

$$D_{max} = \max\{D_i\} \tag{8-5-1}$$

式中:D_{max}——枢纽最大行人密度(人/m^2);

D_i——第 i 处分析区的最大行人密度(人/m^2)。

(3) 集散设施规模

城市客运交通枢纽内集散设施主要包括常规公交场站、机动车停车场、出租车停车场、自行车停车场。

在对城市客运交通枢纽内各种集散平台规模进行计算之后,通过以下公式确定枢纽集散设施规模的适应性,以此来反映枢纽集散设施规划规模对实际需求的适应程度。

$$Z = \frac{\sum_i \frac{S_{i0}}{S_i} \times N_i}{\sum_i N_i} \tag{8-5-2}$$

式中:Z——枢纽集散设施规模适应性;

i——各种集散设施类型;

S_i——各类集散设施所需规模;

S_{i0}——各类集散设施设计规模;

N_i——各类场站乘客换乘客流量。

(4) 辅助设施配置

关于枢纽内辅助设施状况,选取诱导标志状况、信息发布状况、防止恶劣环境设施状况、自动运输设施状况、特殊人群设施状况五个指标来衡量,计算方法如下:

$$E = \sum_{i=1}^{5} \beta_i \times k_i \tag{8-5-3}$$

式中:β_i——对应舒适安全性各方面因素所占的比重,其中 $\beta_1 + \beta_2 + \cdots + \beta_5 = 1.0$,该系数的取值可通过问卷调查并结合 AHP 方法进行计算得到:$\beta_1 = 0.3, \beta_2 = 0.1, \beta_3 = 0.3, \beta_4 = 0.2, \beta_5 = 0.1$;

k_i——$i = 1, \cdots, 5$,枢纽在诱导标志状况、信息发布状况、防止恶劣环境设施状况、自动运输设施状况、特殊人群设施状况的评价值,评价值见表 8-5-2。

辅助设施配置评分标准　　　表 8-5-2

评分要素	评分标准			
诱导标志状况	诱导设施缺乏,客流迷失严重(1~3)	诱导设施不完善,乘客驻足时有发生(3~5)	诱导设施较完善,偶有乘客驻足(5~7)	诱导设施非常完善,客流引导非常顺畅(7~9)
信息发布状况	无信息发布,乘客盲目换乘(1~3)	信息发布不及时或有错误,乘客信息缺乏(3~5)	信息发布较及时,乘客信息较足(5~7)	信息发布及时,乘客信息十足(7~9)

续上表

评分要素	评分标准			
防止恶劣环境设施状况	遮蔽设施缺乏,乘客必须忍受恶劣环境(1~3)	遮蔽设施不完善,乘客受到恶劣环境威胁(3~5)	遮蔽设施较完善,乘客对环境无担忧(5~7)	遮蔽设施非常完善,乘客换乘环境优良(7~9)
自动运输设施状况	无自动运输设施(1~3)	自动运输设施不完善(3~5)	自动运输设施较完善(5~7)	自动运输设施非常完善(7~9)
特殊人群设施状况	无特殊人群设施(1~3)	特殊人群设施不完善(3~5)	特殊人群设施较完善(5~7)	特殊人群设施很完善(7~9)

2. 换乘便捷性

(1) 平均换乘时间

平均换乘时间用来描述城市客运交通枢纽内不同交通方式之间的换乘效率,指乘客在两种交通方式之间的换乘时间。它是衡量换乘连续性、紧凑性、客运设备适应性、客流过程通畅性的一个重要指标,与步行距离长短、换乘客流量大小、枢纽内服务水平等有关。

$$T_h = \frac{\sum N_{hi} T_{hi}}{\sum N_{hi}} \tag{8-5-4}$$

式中:T_h——平均换乘时间;

T_{hi}——采用第 i 中换乘方式的平均换乘时间;

N_{hi}——采用第 i 种换乘方式的换乘客流量。

(2) 平均换乘距离

平均换乘距离描述了各类乘客在枢纽中换乘步行距离的平均值,用以评价枢纽内部流线设计的合理程度。计算公式为:

$$L_{平均} = \frac{\sum M_{ij} \times L_{ij}}{M_{换乘}} \tag{8-5-5}$$

式中:M_{ij}——各类换乘客流的流量,不包括枢纽站自身吸引附近区域的客流量;

$M_{换乘}$——枢纽的换乘客流总量;

L_{ij}——各类换乘客流的步行距离。

考虑到人在水平面步行和竖向步行(上、下楼)心理与体力消耗的不同,取:

$$L_{ij} = H_{ij} + K \times V_{ij} \tag{8-5-6}$$

式中:H_{ij}——水平距离;

V_{ij}——竖向高程差;

K——上、下楼距离增大系数,上楼取 4.0,下楼取 2.0(如选择自动扶梯可取 1.0)。

(3) 出入口绕行系数

出入口绕行系数描述了乘客通过枢纽换乘的便利程度,用于评价枢纽出入口设计的合理程度,计算公式为:

$$a = \frac{\sum_i \frac{L_i}{l_i} \times N_i}{\sum_i N_i} \tag{8-5-7}$$

式中：a——出入口绕行系数；

N_i——换乘流线数；

l_i——流线 i 从换乘点到出入口的直线距离；

L_i——流线 i 从换乘点到出入口的实际步行距离。

3. 换乘安全性

(1) 非冲突客流比例

$$S = \frac{M - \sum_{c=1}^{n} M_c}{M} \times 100\% \quad (8\text{-}5\text{-}8)$$

式中：M——枢纽内客流总数；

M_c——各交通流线上受到冲突影响的人数。

(2) 应急设施状况

应急设施状况是指枢纽内部出现紧急状况如火灾、地震、停电、列车停运等情况下，便于采取相关措施的设施配置情况。目前尚无定量评价标准，需由专家对枢纽应急设施状况进行定性分析，评分标准如表 8-5-3 所示。

应急设施状况评分标准　　　　　　　　　　　　表 8-5-3

评分要素	评分标准			
应急设施状况	无应急设施 (1~3)	应急设施不完善 (3~5)	应急设施较完善 (5~7)	应急设施非常完善 (7~9)

4. 外部协调性

(1) 运能匹配度

$$Y = \frac{E}{\sum_{k=1}^{n} P_k \times a_k} \quad (8\text{-}5\text{-}9)$$

式中：Y——枢纽站运能匹配度；

E——客运枢纽高峰时间内需要集散的客流量；

P_k——客运枢纽内第 k 种接驳交通方式的客运能力；

a_k——客运枢纽内选择第 k 种接驳交通所占的比例。

(2) 周边路网负荷度

城市客运交通枢纽作为城市路网中重要节点，其交通中转功能的好坏可以用周边路网负荷度来表示，可通过枢纽外部仿真手段获得。

(3) 周边交叉口负荷度

因周边路网的理论通行能力与实际通行能力可能存在差距，并且这些差距与周边的交叉口设置情况有很大的关联性，因此，设置周边交叉口负荷度这一仿真指标。交叉口负荷度主要通过机动车平均延误和排队长度等指标反映，可通过枢纽外部仿真手段获得。

(4) 枢纽辐射范围

枢纽选址建设期间，既要考虑城市整体的换乘需求，也要考虑其直通客流的数量。可采用枢纽直通客流量与换乘客流量的比值来描述枢纽的辐射范围，计算公式为：

$$K = \frac{N_\text{i}}{N_\text{h}} \tag{8-5-10}$$

式中：K——直通客流量与换乘客流量的比值；

N_i——枢纽直通客流量；

N_h——枢纽换乘客流量。

5. 附属功能

(1) 环境友好性

关于枢纽的环境友好性，从噪声污染、大气污染、绿色节能、建筑风貌方面进行评价，指标值计算方法如下：

$$E = \sum_{i=1}^{4} \beta_i \times k_i \tag{8-5-11}$$

式中：β_i——$i=1,\cdots,4$，环境友好性指标各方面因素所占的比重，其中 $\beta_1+\beta_2+\beta_3+\beta_4=1.0$，权重具体取值需综合专家咨询意见确定；

k_i——$i=1,\cdots,4$，反映枢纽在噪声污染、大气污染、绿色节能、建筑风貌4个方面的服务水平状况。

噪声污染指换乘枢纽公交车辆产生的噪声与相应的城市区域噪声标准值的比值，目的是反映换乘公交车辆对周围环境的噪声污染程度。

大气污染指换乘枢纽公交车辆以及枢纽本身产生污染气体对周围大气环境产生的影响，与城市总体空气状况进行对比，反映枢纽建设对周围环境的污染程度。

绿色节能是对枢纽设计过程中的节能环保理念进行评估。未来交通系统中对于低碳节能的重视程度正在不断加大，由于难以定量的对枢纽方案进行评价，因此，此指标为定性指标。

枢纽建筑属于城市建筑体系的一部分，好的风貌设计能够使行人身心愉悦。因此，枢纽建筑风貌是否符合城市风格，是否优美，已成为未来现代化大都市建设的重点。

各部分打分标准如表8-5-4所示。

环境友好性评分标准　　　　　　　　表8-5-4

评分要素	评分标准			
噪声污染状况	严重影响市民生活 (1~3)	较严重影响市民生活 (3~5)	轻微影响市民生活 (5~7)	基本不影响市民生活 (7~9)
大气污染状况	严重影响市民生活 (1~3)	较严重影响市民生活 (3~5)	轻微影响市民生活 (5~7)	基本不影响市民生活 (7~9)
绿色节能状况	能源使用效率很低 (1~3)	能源使用效率较低 (3~5)	能源使用效率较高 (5~7)	能源使用效率很高 (7~9)
建筑风貌状况	建筑风貌很差 (1~3)	建筑风貌较差 (3~5)	建筑风貌较好 (5~7)	建筑风貌很好 (7~9)

(2) 商业功能设置

城市客运交通枢纽除满足乘客交通需求外，还需要满足其他换乘附属需求，在某种程度上可以看作一个闭合子系统。因此，城市客运交通枢纽一般应具有一定的商业功能。枢纽商业功能的评价指标采用定性指标，由专家针对商业类型、商业面积、商业布局各方面因素进行综合打分。

（3）土地利用匹配度

分析土地利用制约情况。根据枢纽规划方案场站及周边辅助设施的占地面积，通过对比相关城市总体规划，确认是否有地可用、用地形式是否合理。计算公式为：

$$R = \frac{A}{a} \tag{8-5-12}$$

式中：A——枢纽设计方案占地面积；

a——批复枢纽用地面积。

第六节 客运交通枢纽评价模型

一、均一评价模型

影响城市客运交通枢纽功能发挥的因素较多，对其评价是一个多指标综合评价问题。对于多指标综合评价问题，常采用的是均一评价方法，也就是在事先确定各评价指标权重的基础上，利用各指标值与相应权重的乘积之和作为评价对象优劣排序的依据，且不同的评价对象采用相同的权重分配方法。

1. 专家打分法（Expert Evaluation Method）

专家打分法最先由美国兰德公司（RAND Corporation）在20世纪50年代初创立，是指通过征询有关专家的意见，对专家意见进行统计、处理、分析和归纳，客观地综合多数专家经验与主观判断，对参评对象做出合理估算的方法。当评价资料和数据不够充分，或者评价指标中需要相当程度的主观判断时，即可采用专家打分法对一组专家进行意见征询，经过反复几轮的征询，使专家意见趋于一致，从而得到对参评对象的评价结果。

作为目前较为常用的评价方法，专家打分法能对非技术性的、无法定量分析的因素做出估计和评判，并且相对于其他方法而言，存在以下优势：

（1）操作简便，可以根据具体评价对象和目的，确定恰当的评价指标，并制订评价等级和标准；

（2）各等级标准用打分的形式体现，较为直观，便于专家决策；

（3）专家分值的统计计算方法简单，可快速得到评价结果；

（4）能够将可定量计算和无法定量计算的指标综合考虑，得到枢纽评价的综合结论。

然而，由于专家评价的最后结果是建立在专家经验和统计分布的基础上，很大程度上取决于研究者问卷的设计和所选专家的合格程度，具有一定的不稳定性，存在缺点如下：

（1）由于参加会议的人数有限，因此代表性不充分；

（2）受权威的影响较大，容易压制不同意见的发表；

（3）易受专家表达能力影响，而使一些有价值的意见未得到重视；

（4）由于自尊心等因素的影响，使会议出现僵局；

（5）易受潮流思想的影响。

在使用专家打分法的过程中，需要注意以下问题：

（1）选取的专家应当熟悉城市客运交通系统以及客运交通枢纽相关状况，有较高权威性

和代表性,人数应当适当;

(2) 对影响客运交通枢纽功能的每项指标的权重及分值均应当向专家征询意见;

(3) 多轮打分后统计方差如果不能趋于合理,应当慎重使用专家打分法的结论。

2. 德尔菲(Delphi)法

德尔菲法也称专家调查法,是一种采用通信方式分别将所需解决的问题单独发送到各个专家手中,征询意见,然后回收汇总全部专家的意见,并整理出综合意见。随后将该综合意见和预测问题再分别反馈给专家,再次征询意见,各专家依据综合意见修改自己原有的意见,然后再汇总。这样多次反复,逐步取得比较一致的预测结果的决策方法。德尔菲法在城市客运交通枢纽评价中的应用流程及原则如图8-6-1所示。

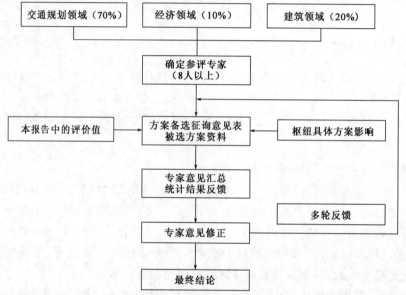

图8-6-1 德尔菲法应用流程

相对于专家打分法,德尔菲法能够充分发挥各位专家的作用,集思广益,准确性高;把各位专家意见的分歧点表达出来,取各家之长,避各家之短;避免专家意见受权威人士影响;避免部分专家碍于情面,不愿意发表与其他人不同的意见;避免部分专家出于自尊心而不愿意修改自己原来不全面的意见。德尔菲法的缺点在于过程比较复杂,花费时间较长。

3. 层次分析法(Analytic Hierarchy Process,AHP)

层次分析法(AHP)是20世纪70年代由美国著名运筹学专家TL Saaty首次提出的,其基本原理是根据具有递阶结构的目标、子目标(准则)、约束条件及部门等来评价方案,用两两比较的方法确定判断矩阵,然后把判断矩阵的最大特征根相应的特征向量的分量作为相应的系数,最后综合出各方案的权重。

层次分析法概念简明,定性分析与定量分析相结合,允许以合乎逻辑的方式运用经验、洞察力和直觉,可靠性比较高,可将规划者的思维系统化、数学化、模型化。然而,该方法主要依赖专家对评价指标理解,反映了决策者的意向,在一定程度上存在主观性,且评价因素不能太多(一般不多于9个),判断矩阵难于满足一致性的要求。

层次分析法的主要评价步骤如下:

(1)建立递阶层次结构

应用 AHP 解决实际问题,首先明确要分析决策的问题,并把它条理化、层次化,理出递阶层次结构。AHP 要求的递阶层次结构一般由以下三个层次组成:

①目标层(最高层):指问题的预定目标;
②准则层(中间层):指影响目标实现的准则;
③措施层(最低层):指促使目标实现的措施。

通过对复杂问题的分析,首先明确决策的目标,将该目标作为目标层(最高层)的元素,这个目标要求是唯一的,即目标层只有一个元素。

然后找出影响目标实现的准则,作为目标层下的准则层因素,在复杂问题中,影响目标实现的准则可能有很多,这时要详细分析各准则因素间的相互关系,即有些是主要的准则,有些是隶属于主要准则的次准则,然后根据这些关系将准则元素分成不同的层次和组,不同层次元素间一般存在隶属关系,即上一层元素由下一层元素构成并对下一层元素起支配作用,同一层元素形成若干组,同组元素性质相近,一般隶属于同一个上一层元素(受上一层元素支配),不同组元素性质不同,一般隶属于不同的上一层元素。

在关系复杂的递阶层次结构中,有时组的关系不明显,即上一层的若干元素同时对下一层的若干元素起支配作用,形成相互交叉的层次关系,但无论怎样,上下层的隶属关系应该是明显的。

最后,为了解决决策问题(实现决策目标),在上述准则下,分析有哪些最终解决方案(措施),并将它们作为措施层因素放在递阶层次结构的最下面(最低层)。

明确各个层次的因素及其位置,并将它们之间的关系用连线连接起来,就构成了递阶层次结构。

(2)构造判断矩阵并赋值

根据递阶层次结构就能很容易地构造判断矩阵。

构造判断矩阵的方法是:每一个具有向下隶属关系的元素(被称作准则)作为判断矩阵的第一个元素(位于左上角),隶属于它的各个元素依次排列在其后的第一行和第一列。

重要的是填写判断矩阵。填写判断矩阵的方法有:

向填写人(专家)反复询问,针对判断矩阵的准则,其中两个元素两两比较哪个重要,重要多少,对重要性程度按 1~9 赋值(重要性标度值见表 8-6-1)。

重要性标度含义表 表8-6-1

重要性标度	含 义
1	表示两个元素相比,具有同等重要性
3	表示两个元素相比,前者比后者稍重要
5	表示两个元素相比,前者比后者明显重要
7	表示两个元素相比,前者比后者强烈重要
9	表示两个元素相比,前者比后者极端重要
2,4,6,8	表示上述判断的中间值
倒数	若元素 i 与元素 j 的重要性之比为 a_{ij},则元素 j 与元素 i 的重要性之比为 $a_{ji} = 1/a_{ij}$

设填写后的判断矩阵为 $A = (a_{ij})_{n \times n}$,判断矩阵具有如下性质:

① $a_{ij} > 0$；
② $a_{ji} = 1/a_{ji}$；
③ $a_{ii} = 1$。

根据上面性质,判断矩阵具有对称性,因此在填写时,通常先填写 $a_{ii} = 1$ 部分,然后仅需再判断及填写上三角形或下三角形的 $n(n-1)/2$ 个元素就可以了。

在特殊情况下,判断矩阵可以具有传递性,即满足等式: $a_{ij} \cdot a_{jk} = a_{ik}$。

当上式对判断矩阵所有元素都成立时,则称该判断矩阵为一致性矩阵。

(3) 层次单排序(计算权向量)与检验

对于专家填写后的判断矩阵,利用一定数学方法进行层次排序。

层次单排序是指每一个判断矩阵各因素针对其准则的相对权重,所以本质上是计算权向量。计算权向量有特征根法、和法、根法、幂法等,这里简要介绍和法。

和法的原理是,对于一致性判断矩阵,每一列归一化后就是相应的权重。对于非一致性判断矩阵,每一列归一化后近似其相应的权重,再对这 n 个列向量求取算术平均值作为最后的权重。具体的公式是:

$$W_i = \frac{i}{n}\sum_{j=1}^{n}\frac{a_{ij}}{\sum_{k=1}^{n}a_{k1}} \tag{8-6-1}$$

需要注意的是,在层层排序中,要对判断矩阵进行一致性检验。

在特殊情况下,判断矩阵可以具有传递性和一致性。一般情况下,并不要求判断矩阵严格满足这一性质。但从人类认识规律看,一个正确的判断矩阵重要性排序是有一定逻辑规律的,例如若 A 比 B 重要,B 又比 C 重要,则从逻辑上讲,A 应该比 C 明显重要,若两两比较时出现 A 比 C 重要的结果,则该判断矩阵违反了一致性准则,在逻辑上是不合理的。

因此在实际中要求判断矩阵满足大体上的一致性,需进行一致性检验。只有通过检验,才能说明判断矩阵在逻辑上是合理的,才能继续对结果进行分析。

一致性检验的步骤如下。

第一步,计算一致性指标 C.I.(Consistency Index):

$$C.I. = \frac{\lambda_{\max} - n}{m - 1} \tag{8-6-2}$$

第二步,查表确定相应的平均随机一致性指标 R.I.(Random Index)。

据判断矩阵不同阶数查表 8-6-2,得到平均随机一致性指标 R.I.。例如,对于 5 阶的判断矩阵,查表 8-6-2 得到 R.I. = 1.12。

平均随机一致性指标 R.I. 表(1000 次正互反矩阵计算结果)　　表 8-6-2

矩阵阶数	1	2	3	4	5	6	7	8
R.I.	0	0	0.52	0.89	1.12	1.26	1.36	1.41
矩阵阶数	9	10	11	12	13	14	15	
R.I.	1.46	1.49	1.52	1.54	1.56	1.58	1.59	

第三步,计算一致性比例 C.R.(Consistency Rratio)并进行判断。

$$C.R. = \frac{C.I.}{R.I.} \tag{8-6-3}$$

当 C.R. <0.1 时,认为判断矩阵的一致性是可以接受的;C.R. >0.1 时,认为判断矩阵不符合一致性要求,需要对该判断矩阵进行重新修正。

(4)层次总排序与检验

总排序是指每一个判断矩阵各因素针对目标层(最上层)的相对权重。这一权重的计算采用从上而下的方法,逐层合成。

很明显,第二层的单排序结果就是总排序结果。假定已经算出第 $k-1$ 层 m 个元素相对于总目标的权重 $\boldsymbol{w}^{(k-1)} = (w_1^{(k-1)}, w_2^{(k-1)}, \cdots, w_m^{(k-1)})^{\mathrm{T}}$,第 k 层 n 个元素对于上一层(第 k 层)第 j 个元素的单排序权重是 $\boldsymbol{p}_j^{(k)} = (p_{1j}^{(k)}, p_{2j}^{(k)}, \cdots, p_{nj}^{(k)})^{\mathrm{T}}$,其中不受 j 支配的元素的权重为零。令 $\boldsymbol{p}^{(k)} = (p_1^{(k)}, p_2^{(k)}, \cdots, p_n^{(k)})$,表示第 k 层元素对第 $k-1$ 层个元素的排序,则第 k 层元素对于总目标的总排序为:

$$\boldsymbol{w}^{(k)} = (w_1^{(k)}, w_2^{(k)}, \cdots, w_m^{(k)})^{\mathrm{T}} = \boldsymbol{p}^{(k)} \boldsymbol{w}^{(k-1)} \tag{8-6-4}$$

或

$$w_i^{(k)} = \sum_{j=1}^{m} p_{ij}^{(k)} w_j^{(k-1)} \quad (i = 1, 2, \cdots, n) \tag{8-6-5}$$

同样,也需要对总排序结果进行一致性检验。

假定已经算出针对第 $k-1$ 层第 j 个元素为准则的 $\mathrm{C.I.}_j^{(k)}$、$\mathrm{R.I.}_j^{(k)}$ 和 $\mathrm{C.R.}_j^{(k)}$,$j = 1, 2, \cdots, m$,则第 k 层的综合检验指标为:

$$\mathrm{C.I.}_j^{(k)} = (\mathrm{C.I.}_1^{(k)}, \mathrm{C.I.}_2^{(k)}, \cdots, \mathrm{C.I.}_m^{(k)}) \boldsymbol{w}^{(k-1)}$$

$$\mathrm{R.I.}_j^{(k)} = (\mathrm{R.I.}_1^{(k)}, \mathrm{R.I.}_2^{(k)}, \cdots, \mathrm{R.I.}_m^{(k)}) \boldsymbol{w}^{(k-1)}$$

$$\mathrm{C.R.}^{(k)} = \frac{\mathrm{C.I.}^{(k)}}{\mathrm{R.I.}^{(k)}} \tag{8-6-6}$$

当 $\mathrm{C.R.}^{(k)} < 0.1$ 时,认为判断矩阵的整体一致性是可以接受的。

(5)结果分析

通过对排序结果的分析,得出最后的决策方案。

4. 主成分分析法(Principal Component Analysis,PCA)

主成分分析法是 1901 年由英国生物统计学家 Kart Pearson 根据非随机变量首次提出的,继于 1933 年由著名的美国统计学家 Hotelling 正式引入综合评价方法体系中。其基本原理是根据降维思想,把多个指标化为少数几个线性无关的综合指标,通过将原始数据标准化,计算相关系数矩阵、矩阵特征根,并按照累计贡献率提取主成分、负载荷及得分等指标,来反映原始变量的绝大部分信息的多元统计分析方法。

主成分分析法是进行多变量分析的一种有效方法,它通过将众多存在一定相关性或受共同因素作用下的原始变量进行数据变换和降维处理,只保留能够综合反映原空间性质且不相关的优质变量,使得在研究复杂问题时更容易利用主要矛盾简化分析问题。

主成分分析法的主要评价步骤如下:

设原始数据有 p 个指标(记为 $x_1, x_2, \cdots, x_p$)和 n 个样本,相应的观测值为 $x_{ij}(i = 1, 2, \cdots, n; j = 1, 2, \cdots, p)$,则这些数据可以组成一个 $n \times p$ 的数据矩阵,设为 $\boldsymbol{X}$,即 $\boldsymbol{X} = (x_{ij})_{n \times p}$,即:

$$X = \begin{bmatrix} x_{11} & x_{12} & \cdots & x_{1p} \\ x_{21} & x_{22} & \cdots & x_{2p} \\ \vdots & \vdots & & \vdots \\ x_{n1} & x_{n2} & \cdots & x_{np} \end{bmatrix} \qquad (8\text{-}6\text{-}7)$$

(1)将原始数据标准化。

通常,研究问题涉及的指标具有不同的量纲,有的指标数量纲上有很大的差异,因此在研究问题时,不同量纲的数量级会出现新的问题。为了消除由于量纲的不同可能带来的一些不合理的影响,在主成分分析之前先对数据进行标准化处理,以使每个主成分依赖于测量初始变量所采用的量纲和取值范围。

(2)求各标准化指标的两两相关系数,计算标准化相关系数矩阵,从中可以看出各变量间的相关性强弱。这有利于了解各变量间的相关性和进一步分析问题。

(3)求相关系数矩阵的特征根,将其由大到小排序。

主成分分析法把给定的一组相关变量进行坐标变换,转成另一组不相关的变量,这些新的变量按照方差一次递减的顺序排列。在变换中保持变量的总方差不变,使第一变量具有最大的方差,称为第一主成分,第二变量的方差次大,并且和第一变量不相关,称为第二主成分。依次类推,N 个变量就有 N 个主成分。这样低阶成分往往能够保留数据的最重要的方面。

(4)按照累计贡献率提取主成分。

主成分贡献率,也称为解释方差比例,是第 i 个主成分方差在全部方差中的比例。其值越大,表明第 i 个主成分反映原数据的能力越强,保留的信息越多。

(5)计算主成分负载荷及主成分得分。

第 i 个变量在第 j 主成分上的负载荷表示第 i 个变量与第 j 主成分相关的密切程度,也是分析各主成分物理含义的依据。主成分得分是原始数据矩阵在主成分空间上的描述,即样本在新指标下的观测值。第 i 个样本在第 j 主成分上的得分表示原始数据矩阵的第 i 行,即第 i 个样本的各观测值。

在复杂的多变量(经济指标、因素)分析的客运交通枢纽评价问题中,为了尽可能完整地搜集信息,对每个枢纽往往要测量许多项指标,以避免重要信息的遗漏。然而,以变量形式体现的诸多指标很可能存在着很强的相关性,则信息可能重叠、问题也变得较为复杂。因此,人们自然想到用少数几个不相关的综合变量来反映原变量提供的大部分信息,即从数学角度来看,利用降维的思想,把多指标转化为少数几个综合指标来研究复杂的客运交通枢纽评价问题。下面具体说明主成分分析法的基本计算过程。

(1)将原始数据标准化。

为了消除由于量纲的不同可能带来的一些不合理的影响,在主成分分析之前先对数据进行标准化处理,以使每个主成分依赖于测量初始变量所采用的量纲和取值范围。常用的标准化方法如式(8-6-8)所示。

$$X_{ij}^* = \frac{X_{ij} - E(X_j)}{S_j} \qquad (8\text{-}6\text{-}8)$$

其中,$i = 1, 2, \cdots, n$ 为样本数;$j = 1, 2, \cdots, p$ 为原样本变量数;$E(X_j)$、S_j 分别为第 j 个变量的平均值和标准差,计算方式如式(8-6-9)和式(8-6-10)所示。

$$E(X_j) = \frac{1}{n}\sum_{i=1}^{n} X_{ij} \tag{8-6-9}$$

$$S_j = \frac{1}{n-1}\sum_{i=1}^{n}[x_{ij} - E(x_j)]^2 \tag{8-6-10}$$

经标准化后,每个变量(X_j^*)内各元素的平均值变为0,标准差变为1。记标准化后的数据矩阵为 V,$V = (X_{ij}^*)_{n \times p}$。

(2)求各标准化指标 X_i^* 的两两相关系数 r_{ij},其中计算得到标准化后的相关系数矩阵 R,$R = (r_{ij}^*)_{n \times p}$。计算方法如式(8-6-11)所示。

$$r_{ij} = \frac{S_{ij}}{\sqrt{S_{ii}} \cdot \sqrt{S_{jj}}} \tag{8-6-11}$$

其中:

$$S_{ij} = \frac{1}{n-1}\sum_{k=1}^{n}(X_{ki} - \bar{x}_i)(\bar{X}_{kj} - \bar{x}_j) \tag{8-6-12}$$

求相关系数矩阵的特征根 λ_i^* ($i = 1,2,\cdots,p$),将其由大到小排序,可利用 Jacobi 公式计算出特征根 $\lambda_1^* \geq \lambda_2^* \geq \cdots \geq \lambda_p^* \geq 0$ 及相应的单位特征向量,如式(8-6-13)所示。

$$\boldsymbol{\alpha}_1 = \begin{bmatrix} \alpha_{11} \\ \alpha_{21} \\ \vdots \\ \alpha_{p1} \end{bmatrix}, \boldsymbol{\alpha}_2 = \begin{bmatrix} \alpha_{12} \\ \alpha_{22} \\ \vdots \\ \alpha_{p2} \end{bmatrix}, \cdots, \boldsymbol{\alpha}_p = \begin{bmatrix} \alpha_{1p} \\ \alpha_{2p} \\ \vdots \\ \alpha_{pp} \end{bmatrix} \tag{8-6-13}$$

求出 λ_i^* ($i = 1,2,\cdots,m$)对应的贡献率、累计贡献率。称 $\boldsymbol{\alpha}_i = \lambda_i^*/p$ 为第 i 个主成分 F_i 的贡献率;$\sum_{i=1}^{m}\lambda_i^*/p$ 为前 m 个主成分 $F_1, F_2, \cdots, F_m$ 的累计贡献率;由累计方差贡献率确定主成分的个数 m ($m \leq p$)。

(3)按照累计贡献率提取主成分贡献率 $\boldsymbol{\alpha}_i$ 的计算方法如式(8-6-14)所示。

$$\boldsymbol{\alpha}_i = \frac{\lambda_i}{\sum_{k=1}^{p}\lambda_k} \tag{8-6-14}$$

其中,$i = 1, 2, \cdots, n$。

主成分累计贡献率 $\boldsymbol{\alpha}_i$ 也称为累计方差比例,计算公式如式(8-6-15)所示。

$$\beta_i = \frac{\sum_{k=1}^{i}\lambda_k}{\sum_{k=1}^{p}\lambda_k} \tag{8-6-15}$$

其中,$i = 1, 2, \cdots, p$。

一般情况下,如果 $\beta_i \geq g$,$g = 75\% \sim 90\%$,可认为前 p 个特征值 $\lambda_1^*, \lambda_2^*, \cdots, \lambda_p^*$ 所对应的就是第1,第2,$\cdots$,第 p 个主成分,如式(8-6-16)所示。

$$\begin{cases} F_1 = \alpha_{11}X_1 + \alpha_{21}X_2 + \cdots + \alpha_{p1}X_p \\ F_2 = \alpha_{12}X_1 + \alpha_{22}X_2 + \cdots + \alpha_{p2}X_p \\ F_i = \alpha_{1i}X_1 + \alpha_{2i}X_2 + \cdots + \alpha_{pi}X_p \\ F_p = \alpha_{1p}X_1 + \alpha_{2p}X_2 + \cdots + \alpha_{pp}X_p \end{cases} \tag{8-6-16}$$

其中 $i=1,2,\cdots,p$，式中 F_i 表示第 i 个主成分是标准化指标样本的线性组合。这样前 p 个主成分就包含了原矩阵的大部分信息。F_1 包含原有指标的总信息量最多，即方差最大，且与其他的 $F_i(i=2,3,\cdots,p)$ 无关；其余类推。该方法的核心就是通过主成分分析，选择 p 个主成分 $F_1,F_2,\cdots,F_p$，以每个主成分 F_i 的方差贡献率 α_i 作为权数，构造综合评价函数：

$$F = \alpha_1 F_1 + \alpha_2 F_2 + \cdots + \alpha_p F_p \tag{8-6-17}$$

(4)计算主成分负载荷及主成分得分。

第 i 个变量在第 j 主成分上的负载荷计算方法如式(8-6-18)所示。

$$l_{ji} = \alpha_{ji}\sqrt{\lambda_j} \tag{8-6-18}$$

第 i 个样本在第 j 主成分上的得分计算方法如式(8-6-19)所示。

$$C_{ij} = X_i \cdot \alpha_j \tag{8-6-19}$$

其中 X_i 表示原始数据矩阵的第 i 行，即第 i 个样本的各观测值。

5. 模糊综合评价法(Fuzzy Comprehensive Evaluation，FCE)

模糊数学是20世纪60年代由美国科学家扎德(L. A. Zadeh)教授创立的。模糊综合评价法是一种基于模糊数学和模糊统计方法的综合评价方法，它旨在对受到多种限制因素的事物做出一个综合性的整体定量评价。其基本原理是根据模糊变换原理和最大隶属度原则，先确定评价目标的评价因素集、评审等级以及各因素对应各评审等级的模糊矩阵，然后根据各个因素在评价目标中的权重分配，通过模糊矩阵合成，最后求出评价的定量解值，对该事物的优劣做出科学综合评价。

模糊综合评价方法根据模糊数学的隶属度理论把定性评价转化为定量评价，评价结果清晰、系统性强，能够较好地解决涉及因素多、目标多和因素间层次结构复杂难以量化的问题，可以有效地处理人们在评价过程中本身所带有的主观性，以及客观所遇到的模糊性现象。模糊综合评价方法的主要评价步骤如下：

(1)构建评价因素集

评价指标体系是指评价对象所涉及的各种影响因素的集合。设评价因素集合为 U，则有 $U = \{u_1,u_2,\cdots,u_n\}$，式中，$u_i$ 为各评价因素。评价因素权重的确定一般可用专家会议法、德尔菲法、层次分析法等方法。模糊综合评价方法多采用层次分析法作为权重的确定方法。从反映评价目标体系的不同侧面选取一系列指标，指标体系分为目标层、准则层和指标层三个层次。其中，第一层目标层为规划实施的综合效益；第二层评价准则层是对评价目标的划分，并用选用相应的适合的方法确定指标权重。

(2)建立评价集

选取表示评价目标好坏程度的评语制，确定评价集 V，记为 $V = \{V_1,V_2,\cdots,V_\eta\}$，其中，$\eta$ 代表评价集的级别数。这一集合规定了某一评价因素的评价结果的选择范围。评价元素既可以是定性的，也可以是量化的分值。

(3)确定隶属函数(隶属度)，建立单因素模糊评价矩阵

根据指标标准化结果及相关专家对规划实施效益的一般见解，在评价指标与评价集之间建立合适的模糊影射关系，用隶属度分别描述各评价指标相对于评价集的隶属程度，得出各评价准则的单因素模糊评价矩阵。

(4)多级模糊综合评价

根据最大隶属原则,确定评价对象所属的评价等级,给出评价结论。以二级模糊综合评价为例,一级模糊综合评价是对评价准则层进行的评价;二级模糊综合评价是对评价目标层进行的评价,即对综合效益进行评价。

复杂的客运交通枢纽评价与优化工作考虑的不仅是经济效益,更多的是无法用货币衡量的无形效益。对它的效益评价是一个典型的涉及多因素的综合评价问题。各因素的影响程度在很大程度上是由人们的主观判断决定的,其评价不可避免地带有结论上的模糊性。此外,它具有涉及因素多、模糊性、目标多和因素间层次结构复杂的特点。因此用模糊综合评价法来研究客运交通枢纽评价问题非常合适。下面以二级模糊综合评价方法为例,说明模糊综合评价方法的基本计算过程。

(1) 构建评价因素集

从反映客运交通枢纽的不同侧面选取一系列指标,指标体系分为目标层、准则层和指标层三个层次。其中,第一层目标层为规划实施的综合效益 A;第二层准则层是对评价目标的划分,记为 $A = \{A_1, A_2, \cdots, A_i\}(i=1,2,\cdots,N)$;第三层指标层是对第二层因素的划分,记 $A_i = \{A_{i1}, A_{i2}, \cdots, A_{ij}\}(i=1,2,\cdots,N; j=1,2,\cdots,M)$。选用相应的适合的方法确定指标权重,设 A 的指标权向量 $P = \{P_1, P_2, \cdots, P_i\}$;$A_i$ 的指标权向量 $P_i = \{P_{i1}, P_{i2}, \cdots, P_{ij}\}$。

(2) 建立评价集

选取表示规划实施客运交通枢纽好坏程度的评语制,确定评价集,记评价集为 $V = \{V_1, V_2, \cdots, V_\eta\}$($\eta$ 代表评价集的级别数)。在客运交通枢纽评价中,可记评价集为 $V = \{$优、良、中、差、劣$\}$。

(3) 隶属函数(隶属度)的确定/建立单因素模糊评价矩阵

根据指标标准化结果及相关专家对规划实施效益的一般见解,在评价指标与评价集之间建立合适的模糊影射关系,用隶属度分别描述各评价指标相对于评价集的隶属程度,得出各评价准则的单因素模糊评价矩阵。

$$D_i = \begin{bmatrix} S_{i1}(1) & \cdots & S_{i1}(\eta) \\ \vdots & \ddots & \vdots \\ S_{ij}(1) & \cdots & S_{ij}(\eta) \end{bmatrix} \quad (8\text{-}6\text{-}20)$$

$$S_{ij}(\eta) = \frac{V_{ij}(\eta)}{\sum_{j=1}^{M} v_{ij}(\eta)} \quad (8\text{-}6\text{-}21)$$

在式(8-6-20)、式(8-6-21)中:D_i 表示第 i 个评价准则的单因素模糊评价矩阵;$S_{ij}(\eta)$ 表示第 i 个评价准则的第 j 个评价指标隶属于第 η 个评语级别的隶属度;$V_{ij}(\eta)$ 表示相对于指标 A_{ij} 的若干个评语中隶属于不同评语级别的评语数量($i=1,2,\cdots,N; j=1,2,\cdots,M$)。

(4) 一级模糊综合评价

假设对第 i 个评价因素 u_i 进行单因素评价得到一个相对于 V_j 的模糊向量 $R_i = (r_{i1}, r_{i2}, \cdots, r_{ij}), i=1,2,\cdots,N; j=1,2,\cdots,n$。其中 r_{ij} 表示某个被评价对象从因素 μ_i 来看对等级模糊子集 V_j 的隶属度,$0 < r_{ij} < 1$。若对 n 个元素进行了综合评价,其结果是一个 N 行 n 列的矩阵,称之为隶属度 R。显然,该矩阵中的每一行是对每一个单因素的评价结果,整个矩阵包含了按评价标准集合 V 对评价因素集合 U 进行评价所获得的全部信息。

一级模糊综合评价是对评价准则层进行的评价。首先,将单因素模糊综合评价矩阵与相应各准则层的指标权向量进行组合计算,得到一级模糊综合评价矩阵;然后,按照最大隶属原则,评价各准则层的所属级别。组合计算见公式(8-6-22)。

$$\begin{aligned}\boldsymbol{R} &= (R_{i1}, R_{i2}, \cdots, R_{ij}) \\ &= \begin{bmatrix} S_{i1}(1) & \cdots & S_{i1}(\eta) \\ \vdots & \ddots & \vdots \\ S_{ij}(1) & \cdots & S_{ij}(\eta) \end{bmatrix}\end{aligned} \tag{8-6-22}$$

二级模糊综合评价是对评价目标层进行的评价,即对综合效益进行评价。首先,将一级模糊综合评价所得到的评价矩阵与准则层权向量进行组合计算,得到目标层模糊综合效益评价矩阵;然后,按照最大隶属度原则,评价目标层的所属级别,即完成对规划实施综合效益的评价。组合计算见公式(8-6-23)。

$$\begin{aligned}\boldsymbol{E} &= (P_1, P_2, P_3) \\ &= \begin{bmatrix} r_{11} & \cdots & r_{1\eta} \\ \vdots & \ddots & \vdots \\ r_{i1} & \cdots & r_{i\eta} \end{bmatrix}\end{aligned} \tag{8-6-23}$$

6. 灰色关联分析法(Grey Relation Analysis,GRA)

灰色关联分析法(GRA)是1982年由著名学者邓聚龙教授首创的一种系统科学理论(Grey Theory),是对一个系统发展变化态势的定量描述和比较的方法。其基本思想是根据对参考数据列和若干个比较数据列的几何形状相似程度来判断因素之间灰色关联程度等来评价方案,并对评价指标原始观测数进行无量纲化处理,计算关联系数、关联度以及按关联度的大小进行排序等,最后综合各方案的权重。

关联分析法是一种动态系统发展态势的量化比较分析方法,实质上是对系统中诸个统计数据列所构成的曲线的几何形状进行分析比较,即认为几何形状越接近,则发展变化态势越接近,关联程度就越大。关联分析法对数据无规律、不完全确定的小样本系统有明显的理论分析优势。它的主要评价步骤如下:

(1)确定反映系统行为特征的参考数列和影响系统行为的比较数列

反映系统行为特征的数据序列,称为参考数列。影响系统行为的因素组成的数据序列,称比较数列。参考数列称为母序列,而比较数列称为子序列。

(2)对参考数列和比较数列进行无量纲化处理

由于系统中各评判指标间通常是有不同的量纲和数量级的,不便于比较或在比较时难以得到正确的结论。因此在进行灰色关联度分析时,为了保证结果的可靠性,一般都要对原始指标进行规范处理,即无量纲化处理。

(3)求参考数列与比较数列的灰色关联系数 $\varepsilon(x_i)$

所谓关联程度,实质上是曲线间几何形状的差别程度。因此曲线间差值大小,可作为关联程度的衡量尺度。

(4)求关联度 r_i

因为关联系数是比较数列与参考数列在各个时刻(即曲线中的各点)的关联程度值,所以它的数不止一个,而信息过于分散不便于进行整体性比较。因此有必要将各个时刻(即曲线中的各点)的关联系数集中为一个值,即求其平均值,作为比较数列与参考数列间关联程度的数量表示。

(5)关联度排序

因素间的关联程度,主要是用关联度的大小次序描述,而不仅是关联度的大小。关联度难以量化的问题在复杂的客运交通枢纽评价与优化中较为突出,尤其在确定两指标的相对重要性时,经常会遇到难以权衡利弊的情况,这就需要采用建立关联度的分析方法来说明指标权重的基本计算过程。

灰色综合评价主要是依据以下模型:

$$R = E \times W$$

式中:R——M个被评价对象的综合评价结果向量;

W——N个评价指标的权重向量;

E——各指标的评判对象矩阵(矩阵略)。

$\xi_i(k)$为第i个被评价对象的第k个指标与第k个最优指标的关联系数。根据R的数值,进行排序。

①确定最优指标集。

设$F = [j_1^*, j_2^*, \cdots, j_n^*]$,式中$j_k^*$为第$k$个指标的最优值($k = 1, 2, \cdots, n$)。此最优序列的每个指标值可以是诸评价对象的最优值,也可以是评估者公认的最优值。选定最优指标集后,可构造矩阵D(矩阵略)。

②指标的规范化处理。

由于评判指标间通常是有不同的量纲和数量级,故不能直接进行比较,为了保证结果的可靠性,需要对原始指标进行规范处理。设第k个指标的变化区间为j_{k1}、j_{k2},j_{k1}为第k个指标在所有被评价对象中的最小值,j_{k2}为第k个指标在所有被评价对象中的最大值,则可以用下式将上式中的原始数值变成无量纲值$C_k^i \in (0,1)$。

$$C_k^j = \frac{j_k^i - j_{k1}}{j_{k2} - j_k^i} \quad (i = 1, 2, \cdots, m; k = 1, 2, \cdots, n)$$

(矩阵略) (8-6-24)

③计算综合评判结果。

根据灰色系统理论,将$\{C^*\} = [C_1^*, C_2^*, \cdots, C_n^*]$作为参考数列,将$\{C\} = [C_1^i, C_2^i, \cdots, C_n^i]$作为被比较数列,则用关联分析法分别求得第$i$个被评价对象的第$k$个指标与第$k$个指标最优指标的关联系数,即:

$$\xi_i(k) = \frac{\min_i \min_k |C_k^* - C_k^i| + \rho \max_i \max_k |C_k^* - C_k^i|}{|C_k^* - C_k^i| + \rho \max_i \max_k |C_k^* - C_k^i|} \quad (8\text{-}6\text{-}25)$$

式中$\rho \in (0,1)$,一般取$\rho = 0.5$。

这样综合评价结果为:$R = E \times W$(E为各指标的评判对象矩阵)

若关联度r_i最大,说明$\{C\}$与最优指标$\{C_i^*\}$最接近,即第i个被评价对象优于其他评价对象,据此可以排出各被评价对象的优劣次序。

二、非均一评价模型

非均一评价方法针对不同评价对象寻求最优的指标权重分配,以保证评价的客观公正。

数据包络分析法(Data Envelopment Analysis,DEA)是1978年由美国ACharnes和Cooper等人首先提出的,是目前最具代表性的非均一评价方法。该方法针对每一个评价对象寻求最优的指标权重,权重分配各异,评价结果合理公正,已在许多领域得到了广泛的应用。

数据包络分析法的基本原理是使用数学规划模型比较决策单元的相对效率,对决策单元进行评价。其研究对象是一组同质的决策单元,通过对各决策单元的观测来判断其是否有效,有效的决策单元定义了生产可能集的前沿面,也确定了生产函数。其显著特点是以输出值与输入值间加权和之比来测度决策单元的技术效率,而无须考虑输入与输出间的函数关系,不必预估其他参数与任何权重假设,避免了主观因素对效率评价的影响,所以是一种非参数的评价方法。正是由于数据包络分析具有如此优势,使得自创建至今的近三十年来吸引了众多学者,在理论与应用领域获得重大发展。

1. 数据包络分析基本原理

为便于理解,下面以一种简单情形说明数据包络分析的基本原理。如图8-6-2所示,设某生产活动为投入两种资源,得到一种产出,有五个决策单元。

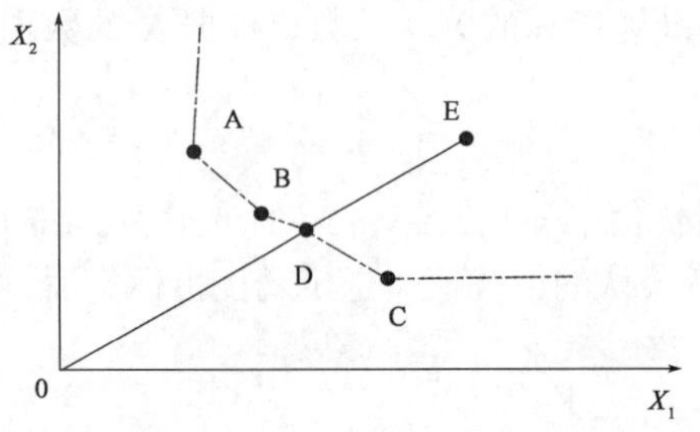

由图8-6-2可知,决策单元A、B、C、D位于生产前沿面上,是一系列分线段的等产量线组合,而E则被包络其上,故决策单元技术无效。数据包络分析是评价多投入多产出决策单元间相对效率的有效工具。为拓展上述原理,需要明确如下基本概念:

图8-6-2 数据包络分析效率评价思想

(1)输入(Input)和输出(Output)

输入和输出为系统科学上的术语,在一个生产过程中称之为投入与产出。其满足以下性质:

①可自由处理性,包括两方面:一是要素的可自由处置特性,二是输入增加不会导致输出减少,即不会出现拥堵现象。

②输入消极性和输出积极性,输入消极性表示的是有用资源的消耗或者利用,而输出积极性是具有价值的产出。

③量纲无关性,即DEA效率与输入、输出的量纲选取无关,但不同决策单元的同一种输入或者输出应选用同一量纲。

输入和输出往往有多个,故一般以向量来表示输入与输出。

(2)决策单元(Decision Making Unit,DMU)

决策单元是输入转化为输出的实体,DEA效率正是某决策单元相对于其他决策单元的生产能力的效率。实践中,企业、政府、院校、医疗机构、军队等都可以作为决策单元。

在横向研究(Latitude Study)中,一组具有同质性的实体可以作为一组决策单元;而在纵向研究(Longitude Study)中,某一实体不同时间点的观察值,也可以作为一组决策单元。

(3)决策单元的同质性(Homogeneity)

决策单元的同质性,是指构成一组决策单元的各实体具有以下特征:

①有相同的目标或者任务;

②有相同的外部环境;
③有相同的输入、输出指标及其量纲。

若不具备同质性,也可采取各种方式,使得同质性假设成立。例如,如果不具备同样的任务,则可以将决策单元划分为若干子集,使得各子集满足同质性假设,如果外部环境不同,则可以将外部环境视为一种投入指标。

2. 数据包络分析主要模型

假设现有 n 个参评枢纽 $U_k(k=1,2,\cdots,n)$,每一个参评枢纽都有 m 种类型的投入(即 m 种资源的消耗)以及 s 种类型的产出(即 s 种产品),分别用向量 $\boldsymbol{X}_k=(x_{1k},x_{2k},\cdots,x_{ik},\cdots,x_{mk})^{\mathrm{T}}$ 和 $\boldsymbol{Y}_k=(y_{1k},y_{2k},\cdots,y_{rk}\cdots,y_{sk})^{\mathrm{T}}$ 表示,其中,x_{ik} 表示第 k 个决策单元对第 i 种资源的消耗量,y_{rk} 表示第 k 个决策单元对第 r 种类型产品的输出量。

$$E_k = \frac{\sum_{r}^{s} u_r y_{rk}}{\sum_{i=1}^{m} v_i x_{ik}} \tag{8-6-26}$$

式中,u_r、v_i 分别为相应指标的权重系数,E_k 为 U_k 的效率值。如适当选取 u、v 可使 $E_k \leqslant 1.0$,并且 E_k 越大说明第 k 个枢纽的换乘效率越高。因此第 k_0 个枢纽的换乘效率评价指数可以由如下的数学规划模型的最优值确定。

$$\left. \begin{aligned} &\max\left[E_{k0} = \frac{\sum_{r=1}^{s} u_r y_{k0}}{\sum_{i=1}^{m} v_i x_{k0}}\right] \\ &\text{s.t.} \quad E_k = \frac{\sum_{r=1}^{s} u_r y_{rk}}{\sum_{i=1}^{m} v_i x_{rk}} \leqslant 1 \\ &k=1,2,\cdots,n; u_r, v_i \geqslant 0, \forall r, i \end{aligned} \right\}(P) \tag{8-6-27}$$

在式(8-6-27)中,权重向量 u_r、v_i 是规划模型的权重系数,其最优解有利于第 k_0 个枢纽换乘效率指标的权重分配,这就是非均一评价模型的实质所在。通过引入 Charnes-Cooper 变换以及根据线性规划的对偶理论,可知式(8-6-27)与下面所示的线性规划模型[式(8-6-28)]等价。

$$\left. \begin{aligned} &\min[\theta - \varepsilon(e^{\mathrm{T}}s^- + e^{\mathrm{T}}s^+)] \\ &\text{s.t.} \quad \sum_{k=1}^{n} \lambda_k x_{ik} + s^- = \theta x_0 \\ &\sum_{k=1}^{n} \lambda_k x_{ik} - s^+ = y_0 \\ &\lambda_k \geqslant 0, j=1,2,\cdots,n \\ &s^- = (s_1^-, s_2^-, \cdots, s_m^-) \geqslant 0 \\ &s^+ = (s_1^+, s_2^+, \cdots, s_s^+) \geqslant 0 \end{aligned} \right\}(D) \tag{8-6-28}$$

式中：θ——第 k_0 个枢纽的换乘效率评价指标；

λ_k——相对于第 k_0 个枢纽重新构造一个有效枢纽组合中第 j 个枢纽的组合比例；

s^-、s^+——松弛变量。

三、枢纽评价算例

[例题]已知某大型城市客运交通枢纽的综合评价指标包括：换乘舒适性、换乘安全性、换乘便捷性、外部协调性、附属功能特性等。客运交通枢纽综合评价指标层次结果模型如表 8-6-3 所示。

客运交通枢纽综合评价指标层次表　　　　　表 8-6-3

目 标 层	准 则 层	指 标 层
客运交通枢纽综合评价 C	换乘舒适性 B_1	最大行人密度 A_1
		集散设施规模 A_2
		辅助设施配置 A_3
	换乘安全性 B_2	非冲突客流比例 A_4
		应急设施状况 A_5
	换乘便捷性 B_3	平均换乘时间 A_6
		平均换乘距离 A_7
		出入口绕行系数 A_8
	外部协调性 B_4	运能匹配度 A_9
		周边路网负荷度 A_{10}
		枢纽辐射范围 A_{11}
	附属功能特性 B_5	环境友好性 A_{12}
		商业功能设置 A_{13}
		土地利用匹配度 A_{14}

利用 AHP 法确定该指标体系中各层影响因素的权重，用模糊综合评价法对该客运交通枢纽进行综合评估。

资料：(1)根据表 8-6-3 的标度准则从最上层开始，依次以上层要素为依据，对下一层要素进行两两比较，建立判断矩阵，见表 8-6-4。

判 断 矩 阵 表　　　　　表 8-6-4(a)

综合评价 C	B_1	B_2	B_3	B_4	B_5
换乘舒适性 B_1	1	3	3	4	5
换乘安全性 B_2	1/3	1	4	3	3
换乘便捷性 B_3	1/3	1/4	1	2	3
外部协调性 B_4	1/4	1/3	1/2	1	1
附属功能特性 B_5	1/5	1/3	1/3	1	1

判 断 矩 阵 表   表8-6-4(b)

准则层 B_1	A_1	A_2	A_3
最大行人密度 A_1	1	2	3
集散设施规模 A_2	1/2	1	2
辅助设施配置 A_3	1/3	1/2	1

判 断 矩 阵 表   表8-6-4(c)

准则层 B_2	A_4	A_5
最大行人密度 A_4	1	2
集散设施规模 A_5	1/2	1

判 断 矩 阵 表   表8-6-4(d)

准则层 B_3	A_6	A_7	A_8
最大行人密度 A_6	1	2	1
集散设施规模 A_7	1/2	1	3
辅助设施配置 A_8	1	1/3	1

判 断 矩 阵 表   表8-6-4(e)

准则层 B_4	A_9	A_{10}	A_{11}
最大行人密度 A_9	1	1	1
集散设施规模 A_{10}	1	1	1
辅助设施配置 A_{11}	1	1	1

判 断 矩 阵 表   表8-6-4(f)

准则层 B_5	A_{12}	A_{13}	A_{14}
最大行人密度 A_{12}	1	1/6	1/6
集散设施规模 A_{13}	6	1	1/6
辅助设施配置 A_{14}	6	16	1

(2)经过专家评判和问卷调查,得到各指标的隶属度矩阵,如下:

$$R_1 = \begin{pmatrix} 0.00 & 0.00 & 0.00 & 0.00 & 1.00 \\ 0.00 & 0.00 & 1.00 & 0.00 & 0.00 \\ 0.00 & 1.00 & 0.00 & 0.00 & 0.00 \end{pmatrix}$$

$$R_2 = \begin{pmatrix} 0.00 & 1.00 & 0.00 & 0.00 & 0.00 \\ 0.10 & 0.75 & 0.10 & 0.05 & 0.00 \end{pmatrix}$$

$$R_3 = \begin{pmatrix} 0.00 & 0.10 & 0.30 & 0.60 & 0.00 \\ 0.00 & 0.30 & 0.50 & 0.20 & 0.00 \\ 0.40 & 0.30 & 0.20 & 0.10 & 0.00 \end{pmatrix}$$

$$R_4 = \begin{pmatrix} 0.00 & 0.30 & 0.35 & 0.2 & 0.15 \\ 0.00 & 0.40 & 0.60 & 0.00 & 0.00 \\ 0.00 & 0.80 & 0.20 & 0.00 & 0.00 \end{pmatrix}$$

$$R_5 = \begin{pmatrix} 0.30 & 0.40 & 0.20 & 0.10 & 0.00 \\ 0.50 & 0.40 & 0.10 & 0.00 & 0.00 \\ 0.10 & 0.60 & 0.30 & 0.00 & 0.00 \end{pmatrix}$$

试对本枢纽进行综合评价。

解：(1) 利用层次分析法确定权重。根据表 8-6-3 的标度准则从最上层开始，依次以上层要素为依据，对下一层要素进行两两比较，建立判断矩阵。

① 利用求和法计算优先级向量。

第一步：计算判断矩阵每一行元素的和 V_i，即：

$$V_i = \sum_{j=1}^{5} a_{ij} \quad (i = 1, 2, \cdots, 5)$$

第二步：将 V_i 归一化即可得各要素在单一准则下的相对权重 W_i，即：

$$W_i = \frac{V_i}{\sum_{j=1}^{n} V_i} \quad (i = 1, 2, \cdots, 5)$$

计算结果见表 8-6-5。

计 算 结 果 表   表 8-6-5

综合评价 C	B_1	B_2	B_3	B_4	B_5	V_i	优先向量 W_i
换乘舒适性 B_1	1	3	3	4	5	16.00	0.40
换乘安全性 B_2	1/3	1	4	3	3	11.33	0.28
换乘便捷性 B_3	1/3	1/4	1	2	3	6.58	0.17
外部协调性 B_4	1/4	1/3	1/2	1	1	3.08	0.08
附属功能特性 B_5	1/5	1/3	1/3	1	1	2.87	0.07

② 计算最大特征根及一致性检验。

由：

$$MW = \begin{pmatrix} 1 & 3 & 3 & 4 & 5 \\ 1/3 & 1 & 4 & 3 & 3 \\ 1/3 & 1/4 & 1 & 2 & 3 \\ 1/4 & 1/3 & 1/2 & 1 & 1 \\ 1/5 & 1/3 & 1/3 & 1 & 1 \end{pmatrix} \begin{pmatrix} 0.40 \\ 0.28 \\ 0.17 \\ 0.08 \\ 0.07 \end{pmatrix} = \begin{pmatrix} 2.42 \\ 1.54 \\ 0.74 \\ 0.33 \\ 0.38 \end{pmatrix}$$

有最大特征根为：

$$\lambda_{\max} = \frac{1}{5}\left(\frac{2.42}{0.40} + \frac{1.54}{0.28} + \frac{0.74}{0.17} + \frac{0.33}{0.08} + \frac{0.38}{0.07}\right) = 5.09$$

计算一致性指标 C.I.：

$$\text{C.I.} = (\lambda_{\max} - n)/(n - 1) = (5.09 - 5)/(5 - 1) = 0.0225$$

计算一致性指标 C.R.：

$$\text{C.R.} = \text{C.I.}/\text{R.I.} = 0.0225/1.12 = 0.02 < 0.1$$

当 $n = 5$ 时，查表 8-6-2 得平均随机一致性指标 R.I. 值为 1.12。由于 C.R. 值小于 0.1，故认为判断矩阵一致性较好，是可以接受的。

重复上述过程,可得到指标层的优先级量,见表8-6-6。

优先级向量值　　　　　　　　　　　　　　　　　　　　　　表8-6-6

换乘舒适性 0.40	最大行人密度 0.53
	集散设施规模 0.31
	辅助设施配置 0.16
换乘安全性 0.28	非冲突客流比例 0.67
	应急设施状况 0.33
换乘便捷性 0.17	平均换乘时间 0.35
	平均换乘距离 0.43
	出入口绕行系数 0.22
外部协调性 0.08	运能匹配度 0.33
	周边路网负荷度 0.33
	枢纽辐射范围 0.33
附属功能特性 0.07	环境友好性 0.06
	商业功能设置 0.33
	土地利用匹配度 0.61

(2) 模糊综合评价。

①确定评价基准及相应的价值量。评价准则分为 5 个等级,$E = \{$很好,较好,一般,较差,极差$\} = \{e_1, e_2, e_3, e_4, e_5\}$

相应的价值量为:

$$\{e_1, e_2, e_3, e_4, e_5\} = \{5, 4, 3, 2, 1\}$$

②计算各指标的隶属度。

$$B_1 = P_1 R_1 = (0.53, 0.31, 0.16) \begin{pmatrix} 0.00 & 0.00 & 0.00 & 0.00 & 1.00 \\ 0.00 & 0.00 & 1.00 & 0.00 & 0.00 \\ 0.00 & 1.00 & 0.00 & 0.00 & 0.00 \end{pmatrix}$$

$$= (0.00, 0.16, 0.31, 0.00, 0.53)$$

$$B_2 = P_2 R_2 = (0.67, 0.33) \begin{pmatrix} 0.00 & 0.00 & 0.00 & 0.00 & 0.00 \\ 0.10 & 0.75 & 0.10 & 0.05 & 0.00 \end{pmatrix}$$

$$= (0.03, 0.44, 0.03, 0.02, 0.00)$$

$$B_3 = P_3 R_3 = (0.35, 0.43, 0.22) \begin{pmatrix} 0.00 & 0.10 & 0.30 & 0.60 & 0.00 \\ 0.00 & 0.30 & 0.50 & 0.20 & 0.00 \\ 0.40 & 0.30 & 0.20 & 0.10 & 0.00 \end{pmatrix}$$

$$= (0.09, 0.23, 0.36, 0.32, 0.00)$$

$$B_4 = P_4 R_4 = (0.33, 0.33, 0.33) \begin{pmatrix} 0.00 & 0.30 & 0.35 & 0.2 & 0.15 \\ 0.00 & 0.40 & 0.60 & 0.00 & 0.00 \\ 0.00 & 0.80 & 0.20 & 0.00 & 0.00 \end{pmatrix}$$

$$= (0.00, 0.50, 0.38, 0.07, 0.05)$$

$$B_5 = P_5 R_5 = (0.06, 0.33, 0.61) \begin{pmatrix} 0.30 & 0.40 & 0.20 & 0.10 & 0.00 \\ 0.50 & 0.40 & 0.10 & 0.00 & 0.00 \\ 0.10 & 0.60 & 0.30 & 0.00 & 0.00 \end{pmatrix}$$

$$= (0.24, 0.52, 0.23, 0.01, 0.00)$$

③计算综合隶属度和最终模糊评判结果。

综合隶属度为:

$$B = PR = (0.40, 0.28, 0.17, 0.08, 0.07) \begin{pmatrix} 0.00 & 0.16 & 0.31 & 0.00 & 0.53 \\ 0.03 & 0.92 & 0.03 & 0.02 & 0.00 \\ 0.09 & 0.23 & 0.36 & 0.32 & 0.00 \\ 0.00 & 0.50 & 0.38 & 0.07 & 0.05 \\ 0.24 & 0.52 & 0.23 & 0.01 & 0.00 \end{pmatrix}$$

$$= (0.04, 0.44, 0.24, 0.07, 0.22)$$

最终评判结果为:

$$W = BE^T = (0.04, 0.44, 0.24, 0.07, 0.22) \begin{pmatrix} 5 \\ 4 \\ 3 \\ 2 \\ 1 \end{pmatrix} = 3.04$$

从综合判断结果的得分来看,该客运交通枢纽的综合评价为一般水平。

思考题

1. 请简要说明在选取枢纽评价指标时需要考虑的因素。
2. 请简要说明各种评价模型的优劣势与适用范围。

参 考 文 献

[1] 辞海编辑委员会.辞海[M].6版.上海:上海辞书出版社,2009.
[2] 杨晓光.公共交通通行能力与服务质量手册[M].2版.北京:中国建筑工业出版社,2010.
[3] 中华人民共和国行业标准.CJJ/T 15—2011 城市道路公共交通站、场、厂工程设计规范[S].北京:中国建筑工业出版社,2011.
[4] 中华人民共和国行业标准.JT/T 1065—2016 综合客运枢纽术语[S].北京:人民交通出版社股份有限公司,2016.
[5] 北京市地方推荐性标准.DB11/T 886—2012 综合客运枢纽智能化系统技术要求[S].北京:人民交通出版社,2012.
[6] 何宗华.城市轨道交通运营组织[M].北京:中国建筑工业出版社,2003.
[7] 何宗华.城市轻轨交通工程设计指南[M].北京:中国建筑工业出版社,1993.
[8] 国务院文件.国务院关于城市优先发展公共交通的指导意见[Z],国发[2012]64号.
[9] 中华人民共和国行业推荐性标准.JT/T 1067—2016 综合客运枢纽通用要求[S].北京:人民交通出版社股份有限公司,2016.
[10] 邱丽丽,顾保南.国外典型综合交通枢纽布局设计实例剖析[J].城市问题,2006,9(3):55-59.
[11] 孟欣,牟连臣,王珊,等.网络化公共交通导向下的新城开发[J].城市问题,2007(2):31-35.
[12] 任伟强,陈艳艳.公交导向发展模式促进城市"有机疏散"的研究[J].交通标准化,2008(7).
[13] Steven E Polzin. Transportation/Land-use Relationship:Public Transit's Impact on Land Use[J]. Journal of Urban Planning and Development, ASCE, 1999,125:135-151.
[14] 北京市地方标准.DB11/T 657.4—2009 公共交通客运标志[S].北京:中国质检出版社,2009.
[15] 李炎锋,王超,杜修力,等.大型地铁换乘站多点火灾情况下的烟气扩散研究[J].土木工程学报,2010(s2):404-409.
[16] 李炎锋,付成云,李俊梅,等.城市交通隧道坡度对火灾烟气扩散影响研究[J].中国安全生产科学技术,2011,7(5):10-15.
[17] 樊洪明,尹志芳,张丹,等.地铁车站挡烟垂壁对火灾烟气流动的影响分析[J].防灾减灾工程学报,2011,31(1):80-84.
[18] 张倩倩.城市公共交通枢纽交通影响分析研究[D].北京:北京交通大学,2017.
[19] 赵莉.城市轨道交通枢纽交通设计理论与方法研究[D].北京:北京交通大学,2011.
[20] 杨悦.城市轨道交通换乘设施交通设计方法研究[D].南京:南京林业大学,2014.
[21] 中华人民共和国国家标准.GB 50157—2013 地铁设计规范[S].北京:中国建筑工业出版社,2014.
[22] Barnum D T, McNeil S, Jonathon H. Comparing the efficiency of public transportation sub-units using data envelopment analysis[J]. Journal of Public Transportation, 2007, 10

(2):1-16.

[23] 孙立山,荣建,任福田. 客运交通枢纽换乘客流组织优化研究[J]. 道路交通与安全,2007,7(3):18-21

[24] Xiaoming L, David L S, Xiaokuan Y. Overall evaluation indicator of urban passenger transportation terminal[J]. China Journal of Highway and Transport, 1995, 8(1): 11-14.

[25] 孙立山,姚丽亚,荣建,等. 基于最大熵模型的客运枢纽换乘量分布预测研究[J]. 公路交通科技,2008,25(9):140-144.

[26] Sun Lishan, Rong Jian, Yao Liya. Measuring transfer efficiency of urban public transportation terminals by data envelopment analysis[J]. Journal of Urban Planning and Development,2010,136(4):314-319.

[27] 王建军,严宝杰. 交通调查与分析[M]. 北京:人民交通出版社,2004.

[28] 徐吉谦,陈学武. 交通工程总论[M]. 北京:人民交通出版社,2008.

[29] 范璐. 综合客运枢纽交通组织研究[D]. 西安:长安大学,2010.

[30] 宗婷. 基于多种交通方式的客运枢纽交通组织研究[D]. 西安:长安大学,2008.

[31] 张超,李海鹰. 交通港站与枢纽[M]. 北京:中国铁道出版社,2004.

[32] 翟忠民. 道路交通组织优化[M]. 北京:人民交通出版社,2004.

[33] 王东. 城市客运交通枢纽的交通影响分析及仿真研究[D]. 长春:吉林大学,2006.

[34] 沈志云. 交通运输工程学[M]. 北京:人民交通出版社,1999.

[35] 焦双健. 城市对外交通[M]. 北京:化学工业出版社,2005.

[36] 严余松,户佐安,王明惠. 基于ITS-R的枢纽车流组织优化[M]. 北京:科学出版社,2010.

[37] 朱海燕. 城市轨道交通客运组织[M]. 北京:中国铁道出版社,2009.

[38] 胡永举,黄芳. 交通港站与枢纽设计[M]. 北京:人民交通出版社,2012.

[39] 上海铁路南站工程建设指挥部. 上海南站交通枢纽工程建设[M]. 上海:同济大学出版社,2007.

[40] 李大伟. 大城市对外客运枢纽规划与设计理论研究[D]. 南京:东南大学,2006.

[41] 张超,李海鹰. 交通港站与枢纽[M]. 北京:中国铁道出版社,2004.

[42] 潘东来. 城市轨道交通枢纽交通衔接研究[D]. 武汉:华中科技大学,2005.

[43] 应成亮,李江,陈强. 公交车停靠港湾及停车场设计[J]. 人类工效学,2006,12(4):34-36.

[44] 曾弈林. 公交停靠站站台尺寸的研究[J]. 公共交通,2005(1):65-68.

[45] 田园. 城市对外客运枢纽换乘问题研究[D]. 西安:长安大学,2007.

[46] 张发才. 铁路客运与城市交通运营组织衔接研究[D]. 南京:东南大学,2006.

[47] 李竹. 铁路乘客枢纽站站房改造设计初探[D]. 重庆:重庆大学,2004.

[48] 杨林山. 我国大型铁路客站候车空间组织模式的发展趋势及设计对策[D]. 西安:西南交通大学,2005.

[49] 郭峰. 城市综合交通枢纽的衔接换乘研究[D]. 武汉:华中科技大学,2004.

[50] 余道明. 城市火车站站前广场城市设计研究[D]. 合肥:合肥工业大学,2006.

[51] 宗婷. 基于多种交通方式的客运枢纽交通组织研究[D]. 西安:长安大学,2008.

[52] 范璐. 综合客运枢纽交通组织研究[D]. 西安:长安大学,2010.

[53] 向传林. 城市铁路客运枢纽站前空间秩序研究[D]. 重庆:重庆大学,2007.

[54] 王科. 城市换乘枢纽交通组织方法探讨[J]. 科技创业月刊,2007,20(18):177-178.

[55] 何保红. 城市停车换乘设施规划方法研究[D]. 南京:东南大学,2006.

[56] 陆化普. 交通规划理论与方法[M]. 北京:清华大学出版社,1998.

[57] 杨励雅. 城市交通与土地利用相互关系的基础理论与方法研究[D]. 北京:北京交通大学,2007.

[58] 何宁,顾保南. 城市轨道交通对土地利用的作用分析[J]. 城市轨道交通研究,1998(04):32-36.

[59] 庄焰,郑贤. 轨道交通对站点周边商业地价的影响[J]. 中国土地科学,2007,21(4):38-43.

[60] 郑贤,庄焰. 轨道交通对沿线地价影响半径研究[J]. 铁道运输与经济,2007(06):45-47.

[61] 何世伟. 综合交通枢纽规划[M]. 北京:人民交通出版社,2012.

[62] 邵春福. 交通规划原理[M]. 北京:中国铁道出版社,2004.

[63] 王晓军,高月娥,张伟. 城际轨道交通与沿线土地利用互馈关系研究[J]. 铁道运输与经济,2012,34(9):78-81.

[64] 王殿海,杨兆升. 城市小区土地利用与交通关系的测算方法探讨[J]. 公路交通科技,1996,13(3):29-32.

[65] 曲大义,王炜,王殿海. 城市土地利用与交通规划系统分析[J]. 城市规划汇刊,1999(6):44-45.

[66] 杨明,曲大义,王炜,等. 城市土地利用与交通需求相关关系模型研究[J]. 公路交通科技,2002,19(1):72-75.

[67] 石飞,江薇,王炜,等. 基于土地利用形态的交通生成预测理论方法研究[J]. 土木工程学报,2005,38(3):115-118+124.

[68] 陆化普. 城市土地利用与交通系统的一体化规划[J]. 清华大学学报(自然科学版),2006,46(9):1499-1504.

[69] Matthew A Turner. A simple theory of smart growth and sprawl[J]. Journal of Urban Economics,2007(61):214.

[70] Putman S H. Integrated Urban Models:Policy Analysis of Transportation and Land Use[J]. Routledge,2007,46(3):201-217.

[71] James E Moore, Kim T J. Mill's Urban System Models:Perspective and Template for LUTE applications[J]. Computer Environment and Urban Systems, 1995,19(4):207-255.

[72] 姚丽亚. 基于非集计模型的轨道交通客流需求预测方法研究[D]. 北京:北京工业大学,2008.

[73] 石飞,王炜,陆建. 居民出行生成预测方法的归纳和创新[J]. 城市交通,2005,3(1):43-46.

[74] 任福田. 交通工程学导论[M]. 北京:人民交通出版社,2003.

[75] M Vrtic, P Fröhlich, N Schüssler, et al. Two-dimensionally Constrained Disaggregate Trip Generation, Distribution and Mode Choice Model:Theory and Application for a Swiss Nation-

al Model[J]. Transportation Research Part A: Policy and Practice,2007,41(9):857-873.
[76] 王有为. 城市公共交通枢纽规划研究[D]. 西安:西安建筑科技大学,2001.
[77] 胡列格,刘中,杨明. 交通枢纽与港站[M]. 北京:人民交通出版社,2005:105-114.
[78] 李双宝. 与交通网络一体化的公路货运枢纽规划方法研究[D]. 西安:长安大学,2005.
[79] 陈琛. 城市公共交通换乘系统研究[D]. 南京:东南大学交通学院,2002.
[80] 陶志祥. 都市圈轨道交通枢纽规划理论及关键技术研究[D]. 南京:东南大学,2004.
[81] 中华人民共和国行业推荐性标准. JT/T 200—2004 汽车客运站级别划分和建设要求[S]. 北京:人民交通出版社,2004.
[82] 王皓. 郑州新客运综合交通枢纽规划研究[D]. 武汉:武汉理工大学,2008.
[83] 吕慎,庄焰. 城市客运交通枢纽规模研究[J]. 深圳大学学报(理工版),2005,22(2).
[84] 刘伟华. 公路主枢纽客货运站场规模确定方法[J]. 重庆交通学院学报,2002(3).
[85] 张三省,姚志刚. 公路运输枢纽规划与设计[M]. 北京:人民交通出版社,2007.
[86] 朱成明,胡光明,刘亚东. 城市公路客运交通枢纽选址规划[J]. 重庆交通大学学报(自然科学版),2006,25(3):95-98.
[87] 王树盛. 都市圈轨道交通客流预测理论及方法研究[D]. 南京:东南大学,2004.
[88] 乔路. 综合交通客运枢纽换乘量预测方法研究[D]. 长春:吉林大学,2009.
[89] 程婕. 城市客运交通枢纽规划研究[D]. 西安:西安建筑科技大学,2005.
[90] 胡永举,黄芳. 交通港站与枢纽设计[M]. 北京:人民交通出版社,2012.
[91] 吴越. 以轨道交通为基础的城市客运枢纽综合体设计研究[D]. 杭州:浙江大学,2012.
[92] 蒋玲钰,陈方红,彭月. 综合客运枢纽功能区空间布局优化研究[J]. 铁道运输与经济,2009,31(11):69-71.
[93] 李得伟. 行人交通[M]. 北京:人民交通出版社,2011.
[94] 晁立. 城市综合客运枢纽换乘设施研究[D]. 西安:长安大学,2014.
[95] 林定良. 综合客运枢纽换乘区设施布局研究[D]. 西安:长安大学,2012.
[96] 黎冬平. 基于换乘的轨道枢纽车站衔接交通设施设计方法[J]. 上海交通大学学报,2011(s1):53-57.
[97] 交通运输部规划研究院课题组. 综合客运枢纽规划建设,政策理论与实践探索[M]. 北京:人民交通出版社股份有限公司,2017.
[98] 姚胜永,傅成红,周爱莲. 交通枢纽规划与设计[M]. 北京:人民交通出版社,2013.
[99] 毛保华,李夏苗,王明生. 城市轨道交通规划与设计[M]. 北京:人民交通出版社,2011.

人民交通出版社股份有限公司　公路教育出版中心
交通工程/交通运输类教材

一、专业核心课

1. ◆▲交通规划（第二版）（王　炜）……………… 40元
2. ◆▲交通设计（杨晓光）…………………………… 35元
3. ◆▲道路交通安全（裴玉龙）……………………… 36元
4. ▲交通系统分析（王殿海）………………………… 31元
5. ▲交通管理与控制（徐建闽）……………………… 26元
6. ▲交通经济学（邵春福）…………………………… 25元
7. 交通工程总论（第四版）（徐吉谦）……………… 42元
8. ◆▲交通工程学（第三版）（任福田）…………… 40元
9. 交通工程学（第三版）（李作敏）………………… 48元
10. ◆交通运输工程导论（第三版）（顾保南）…… 25元
11. 交通运输导论（黄晓明）………………………… 43元
12. 交通运输工程学（过秀成）……………………… 45元
13. Traffic Enginering 交通工程学（王武宏）……… 38元
14. Introduction to Traffic Engineering 交通工程总论
　　（杨孝宽）………………………………………… 59元
15. Transportation Planning（王元庆）……………… 58元
16. ◆交通管理与控制（第五版）（吴　兵）……… 40元
17. 交通管理与控制（第二版）（罗　霞）………… 38元
18. Traffic Management and Control（杨　飞）…… 24元
19. 交通管理与控制案例集（罗　霞）……………… 25元
20. 交通管理与控制实验（罗　霞）………………… 22元
21. ◆道路交通管理与控制（袁振洲）……………… 40元
22. ▲道路交通设计（项乔君）……………………… 38元
23. 交通调查与分析（第二版）（王建军）………… 38元
24. ◆交通工程设计理论与方法（第二版）
　　（梁国华）………………………………………… 36元
25. 交通工程设施设计（李峻利）…………………… 35元
26. 交通工程设施设计（丁柏群）…………………… 45元
27. 道路交通安全及设施设计（王建军）…………… 45元
28. ◆道路交通工程系统分析方法（第二版）
　　（王　炜）………………………………………… 33元
29. 交通工程专业英语（裴玉龙）…………………… 29元
30. ◆智能运输系统概论（第三版）（杨兆升）…… 49元
31. 智能运输系统（ITS）概论（第二版）
　　（黄　卫）………………………………………… 24元
32. 运输工程（第二版）（陈大伟）………………… 39元
33. ◆运输经济学（第二版）（严作人）…………… 44元
34. 运输组织（彭　勇）……………………………… 40元

二、专业选修课

35. 道路勘测设计（第二版）（裴玉龙）…………… 59元
36. 微观交通仿真基础（张国强）…………………… 35元
37. ◆道路通行能力分析（第二版）（陈宽民）…… 28元
38. 道路运输统计（张志俊）………………………… 28元
39. ◆公路网规划（第二版）（裴玉龙）…………… 30元
40. 城市客运交通系统（李旭宏）…………………… 32元
41. 城市客运枢纽规划与设计（过秀成）…………… 35元
42. 城市客运交通枢纽规划设计（孙立山）………… 35元
43. 交通项目评估与管理（第二版）（谢海红）…… 45元
44. 公路建设项目可行性研究（过秀成）…………… 27元
45. 交通组织设计（张水潮）………………………… 30元
46. ◆交通运输设施与管理（第二版）
　　（郭忠印）………………………………………… 38元
47. 交通预测与评估（王花兰）……………………… 45元
48. 交通工程项目经济与造价管理（臧晓冬）……… 40元
49. 交通工程基础方法论（臧晓冬）………………… 38元
50. ◆交通与环境（陈　红）………………………… 30元
51. 道路交通环境影响评价（王晓宁）……………… 25元
52. 交通信息工程概论（崔建明）…………………… 40元
53. 交通地理信息系统（符锌砂）…………………… 31元
54. 高速公路通信技术（关　可）…………………… 36元
55. 交通供配电与照明技术（第二版）
　　（杨　林）………………………………………… 36元
56. 信息技术在道路运输中的应用（王　炼）……… 42元
57. 运输市场管理（郭洪太）………………………… 38元
58. 交通类专业大学生职业发展与就业指导
　　（白　华）………………………………………… 30元

了解教材信息及订购教材，可查询："中国交通书城"（www.jtbook.com.cn）
天猫"人民交通出版社旗舰店"

公路教育出版中心咨询及投稿电话：(010)85285984，85285865
欢迎读者对我中心教材提出宝贵意见

注：◆教育部普通高等教育"十一五""十二五"国家级规划教材
　　▲交通工程教学指导分委员会推荐教材、"十三五"规划教材